# 독해력 수업

「14歳からの読解力教室: 生きる力を身につける」(犬塚美輪)

14SAI KARA NO DOKKAIRYOKU KYOUSHITSU : IKIRU TIKARA WO MINITSUKERU

Copyright © 2020 by Miwa Inuzuka

Original Japanese edition published by Kasamashoin, Inc., Tokyo, Japan

Korean edition published by arrangement with Kasamashoin, Inc.

through Japan Creative Agency Inc., Tokyo and BC Agency, Seoul

이 책의 한국어판 저작권은 BC에이전시를 통해 저작권자와 독점계약을 맺은 메멘토에 있습니다. 저작권법에 따라 한국 내에서 보호받는 저작물이므로 무단전재와 복제를 금합니다.

인공지능 시대에
더 중요해진 공부 기본기

# 독해력 수업

아누즈카 미와 지음 · 지비원 옮김

메멘토

# 시작하면서

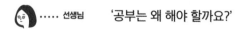 ····· 선생님　　'공부는 왜 해야 할까요?'

　무엇을 위해 공부할까, 누구나 한 번쯤은 이런 의문을 가져 봤을 겁니다. 아이들에게 공부하라고 엄하게 타이르는 어른 또한 '애들에게 늘 공부하라고 하지만, 사실 나도 예전에 똑같은 의문을 품었지'라고 생각할 거예요. 틀림없어요.

　우리는 왜 공부할까요? 물론 '공부하는 게 재미있어서'나 '즐거우니까'도 중요한 이유지만 (가령 즐겁지 않더라도) '필요하니까' '무언가에 도움이 될 것 같아서' '뭔가 좋은 것을 손에 넣고 싶어서' 등의 이유도 있을 거예요.

　약간 사심이 들어간 이유일지 모르지만 '무언가에 도움이 될 것 같아서' '필요하니까'는 공부하는 본질적인 이유 가운데 하나예요. 오늘날 강조하는 교육 방침도 '살아가는 힘'을 키우는 것이죠. 그러니까 우리가 공부하는 건 '살아가는 힘'이라는, 정말로 '도움이 될 만한 것'을 손에 넣기 위해서라고 할 수 있어요.

'살아가는 힘'은 구체적으로 무엇을 가리킬까요? 이 힘은 크게 두 가지로 나눌 수 있어요. 하나는 교과 지식이에요. 예를 들어 '2차 방정식'이나 '수용액의 성질' 같은 교과 내용이 포함되죠. 다른 하나는 그러한 교과나 학문 영역에 한정되지 않고 교과와 교과 사이를 넘나드는 힘이에요. 하나하나의 교과에서 배우는 것과 다양한 교과를 통해 몸에 익히는 것 둘 다 '살아가는 힘'으로서 중요하다고 할 수 있어요.

이 책은 두 가지 '살아가는 힘' 중에서도 교과 사이를 넘나드는 힘에 주목하려 해요. 그중에서도 '지금의 중학생, 고등학생이 어른이 돼 살아가는 데 필요한 힘'으로서 특히 중요한 독해력을 다루고 있어요.

응? 이해가 잘 안 된다는 표정을 짓는 학생이 있네요?

..... 은하      왜 독해력이에요? 이과한테는 관계없는 이야기 아닌가요?

..... 세희      잠깐만, 도대체 독해력이 뭐예요?

..... 윤수      책을 꼭 읽어야 하나요? 귀찮아요.

..... 선생님      그렇군요. '중요하다고 말했으니까 중요한 거다! 그

러니까 책을 읽어라!'라고 강요하는 건 나도 싫어해요. 효과도 없을 거예요. 그래서 이 책에서는 '책 읽는 게 싫어' '책을 읽으라는데 뭘 어떻게 해야 하지?' 하고 언짢은 표정을 짓는 세 사람과 함께, '독해력이 왜 필요한가?' '어떻게 하면 독해력을 기를 수 있을까?' 등 읽기에 대한 다양한 의문에 답해 보려고 해요. 그러면서 세 사람과 이 책을 읽는 여러분이 '아하, 읽기란 이런 거였구나' '나도 잘 읽고 싶다' '나도 잘 읽을 수 있겠다'라고 생각하게 되면 좋겠어요.

# 등장인물

**선생님** '읽기'를 연구하는 대학교수님. 판타지와 추리소설을 좋아한다.

**세희** 공부가 특기. 소설 읽기는 좋아하지만 설명문은 그다지 좋아하지 않는다.

**은하** 도감과 교양 도서를 제법 좋아한다. 동물을 좋아하고 관련 지식이 많다.

**윤수** 수학이 특기. 책 읽기를 아주 싫어한다. 테니스를 좋아하는 활동적인 학생이다.

# PART 2 · 독해력을 높이자

## 💡 PART 3 · '읽는' 것만이 독해가 아니다

# PART 1

# '읽기'란
# 무엇인가?

# 제1장
# 독해력이 꼭 필요할까?

## '책' '글'에도 여러 가지가 있다

**선생님**      독해력에 대해 같이 생각해 볼 세희, 은하, 윤수의 솔직한 의견을 들어 볼까요?

**세희**      저는 읽는 게 싫지 않아요. 그래서 '독해력'이 있는 편이라고 생각해요.

**은하**      저는 책 읽기를 그다지 좋아하지 않아요. 아, 하지만 동물을 무척 좋아해서 동물에 관한 책은 읽어요.

**세희**      난 요전에 시각장애인 안내견이 나오는 소설을 읽었어. 감동적이었는데, 다음에 빌려줄게!

**은하**　　아니, 그런 책 말고 동물의 특징이라든가 생태가 나오는 책이 좋아. 난 감동적인 책은 잘 안 읽어. 얼마 전에 오소리 비슷한 동물인 웜뱃의 배설물이 사각형이 되는 이유를 읽었는데 재미있었어!

**윤수**　　저는 음……, 유튜브를 더 좋아해요. 모르는 게 있을 때나 짬이 날 때는 동영상을 봐요. 책은 안 읽어요…….

**선생님**　　흥미롭네요. 책을 읽는 친구가 있는가 하면 안 읽는 친구도 있고, 책을 좋아하는 친구가 있는가 하면 좋아하지 않는 친구도 있네요. 또 책이라고 해도 여러 종류가 있어서 '읽기를 좋아하는가 좋아하지 않는가'도 책의 종류에 따라 달라지는 것 같군요.

**세희**　　정말 그래요. 저는 은하와 반대로 동물의 생태나 과학 관련 책은 그다지 읽지 않거든요. 소설만 읽어요.

**선생님**　　소설과 교양 도서의 차이는 글의 '장르'라는 단어로 표현해요. 세희가 좋아하는 글은 이야기 글이죠. 은하는 말하자면 설명문이나 논설문을 좋아하고요. 사실 같은 '독해'라고 해도 이야기 글과 설명문 읽기는 꽤 다른 글을 접하는 것이라고 봐야 해요. 우선 이야기 글에는 공통된 틀 같은 것이 있어요. 이를 '이야기 문법'이라고 불러요.

**세희**　　문법이요?

····· **선생님**     네, 조금 어렵죠? 이야기의 구조라고 바꾸어 말해도 괜찮을 것 같아요. 이야기 문법(구조)이란, 이야기에는 일정한 형식이 있다는 사고방식이에요. 표 1-1을 볼까요? 이야기에 필요한 요소로서 '장소'와 '인물' '해결해야 할 문제'가 있고, 이를 '해결'하는 것이 목표예요. 물론 그중에는 일부러 이 요소들을 무시하면서 오히려 이야기의 재미를 끌어올리는 경우도 있지만, 그래도 우리는 대략적인 틀에 따라 스토리를 이해하려 한다고 볼 수 있답니다.

**[표 1-1] 문법과 그 구성 요소(Thorndyke, P.W., 1977을 바탕으로 작성)**

| 요소 | 구체적인 예(팥죽 할머니와 호랑이) |
|---|---|
| 설정(장소, 시간, 등장인물) | 어느 곳/옛날/팥죽 할머니 |
| 주제(해결해야 할 문제) | 호랑이 퇴치 |
| 줄거리(해결 방법) | 팥죽을 준다<br>→ 우리 편을 늘린다 |
| 해결 | 호랑이를 물리치다 |

····· **세희**     아, 정말 그렇군요. 예를 들어 톨킨의 『반지의 제왕』은 프로도라는 인물이 절대 반지를 파괴하는 것으로 문제를 해결하려고 해요. 카프카의 『성(城)』 같은 작품은 무엇을 해결하

려고 하는지 몰라서 조바심이 난달까 재미있달까…….

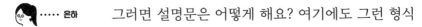

…… 은하　　세희는 정말 독서를 좋아한다니까. 카프카라니 그게 뭐야? 사람이야?

　형식이 있어 따분할 것 같은데, 같은 형식이라도 전부 다르고 재미있는 이야기가 된다는 게 대단하네요.

…… 선생님　　매우 추상적인 형식이어서, 그런 형식이 있다고 해도 같은 이야기가 되지는 않아요. 인간은 유아기 정도부터 이러한 형식을 몸에 익힌다고 해요. 이건 이야기를 듣거나 읽거나 하는 것뿐만이 아니라 일상생활을 어떤 식으로 기억하거나 말하는가와도 관련돼 있다고 해요.

　앞서 세희가 『반지의 제왕』을 이야기 문법에 따라 설명했는데, 여러분도 '오늘 무슨 일이 있었는가' '지난주에 본 영화가 어떤 내용이었는가'를 말할 때는 이야기 문법에 따라 설명할 거예요. 예를 들어 학교에서 있었던 일이라면 "영어 시간에 ○○ 선생님이 쪽지 시험을 본다고 했어. 다들 싫다고 했더니 선생님이 '그러면 10분간 복습 시간을 가질게요'라고 말씀하시긴 했지만" 하는 식으로 이야기할 거예요. 우리에게 사건을 이렇게 정리하는 틀이 있기 때문이랍니다. 그 틀을 따르면 '이해하기 쉽다'고 생각해요.

…… 은하　　그러면 설명문은 어떻게 해요? 여기에도 그런 형식

이 있나요?

(선생님) 사실 설명문이 어려워요. 형식도 정해진 것 없이 몇 가지가 있는데, 이야기 글보다 명확하지 않아요. 예를 들어 흔히 설명문이라면 등장하는 형식이 '서론-본론-결론'이나 '시작-중간-끝' 같은 3부 구성인데, 이야기 문법에 비교하면 '아하, 그렇구나!' 싶은 게 없어요. 각각의 내용을 더 구체적으로 나타내는 '질문-설명-답'과 같은 틀이 이해하기 쉽지만, '질문'이 명확하게 제시돼 있지 않기도 해서 이야기 문법과 같은 명확한 틀이 있다고 할 수는 없어요.

이런 구조의 차이가 있어서 이야기 글을 좋아하고 잘 읽지만 설명문은 별로 좋아하지 않는다, 읽기 힘들다는 사람이 많아요. 이야기 글 쪽이 '읽으면 자연스럽게 이해할 수 있다'는 느낌이 들어서 그런 듯해요. 물론 그렇다고 이야기 글이 쉽다는 뜻은 아니지만……. 그런 한편 설명문은 어떤 내용인지를 열심히 '읽어 낼' 필요가 있다고 할 수 있겠죠. 그만큼 '머리에 쏙 들어오지 않는다'는 느낌 때문이에요.

장르에 따라 '좋은 글'의 기준도 달라진답니다. 예를 들어 이야기 글의 첫머리에 결론이 있다면 어떨까요?

(윤수) 그러면 시시하죠. 추리소설 시작부터 범인을 알게 되는 거잖아요?

세희   아니, 그건 그것대로 재미있을지도 몰라…….

선생님   만약 추리소설에서 처음에 범인을 알았다고 하더라도 그것이 이야기의 결론이 아니라는 거군요.

세희   맞아요, 맞아요! 그 경우는 범행을 저지르기까지의 동기나 이면에 얽힌 사정을 밝히는 게 '결론' 같다는 생각이 들어요!

선생님   마지막까지 무엇을 말하려 하는지 분명하지 않은 설명문은 어떨까요?

은하   아, 그런 경우는 최악이죠. 무엇을 말하는지 모른 채 읽는 건 거의 불가능해요.

선생님   그렇죠. 이야기 글은 어디로 갈까 궁금해하면서, 무엇이 숨겨져 있을까 하고 두근거리면서, 때로는 생각지 못한 사건이 일어나서 놀라기도 하면서 진행되는 게 재미있고 좋은 글이라고 생각하잖아요? 한편 설명문은 '최종 목적지는 여기입니다' '여기에 있는 것은 이것과 이것입니다'라고 분명한 상태에서 헤매지 않고 직선적으로 진행되는 쪽이 좋은 글이라고 본답니다. 설명문에서 '뜻밖의 전개'가 나온다면 '이게 뭐지? 이해하기 어려워' 하고 생각하지 않을까요?

　이처럼 '좋은 글'의 특징이 다르기 때문에 읽는 법도 달라요. 이야기 글을 읽는다면 분명히 적혀 있지 않은 부분이나 암시된 부분을 상상하거나 생각을 확장하면서 읽을 필요가 있어요. 그러나 설명문은 앞부분과 뒷부분을 연결하면서 전체상을 명확히 그려 나가는 게 주된 독해법이에요.

..... **은하**　　저와 세희가 읽기를 좋아하니 싫어하니 했지만, 각자가 머릿속으로 그린 활동이 다르군요.


## 독해력이 꼭 필요할까?


..... **윤수**　　재미있긴 한데요, 주제가 독해력은 '살아가는 힘'이잖아요? 요즘 시대에 글을 읽을 수 있다는 게 그렇게 중요하지 않다 싶기도 해요. 살아가는 힘으로서 꼭 독해력이 필요할까요?

..... **선생님**　　독해력이 과연 필요할까? 중요한 질문이네요. 왜 필요 없다고 생각하나요?

..... **윤수**　　솔직히, 필요한 건 선생님이 대부분 가르쳐 주시잖아요. 게다가 저는 유튜브 같은 동영상만 있으면 될 것 같기도 해요. 그 외에도 요즘 영상 정보가 많은데, 자기 스스로 열심히 읽지 않아도 머리 좋은 누군가 영상으로 만들어 주지 않을까요? 그러는 편이 이해하기도 쉽고요. 스스로 책을 읽을 필요가

있을까 하는 의문이 들어요.

🧑 ····· 선생님 　그렇다면 윤수의 주장은

1 동영상과 선생님만 있으면 글을 읽지 않아도 된다.

2 (가령 글을 읽어야 한다 해도) 모든 사람이 독해력을 갖출 필요는 없고 머리 좋은 누군가만 읽으면 된다.

이상의 두 가지라고 정리할 수 있겠네요. 순서대로 생각해 봅시다.

### 1 글을 읽지 못해도 동영상이 있으면 될까?

🧑 ····· 선생님 　윤수는 최근에 공부하려고 동영상을 본 적이 있나요?

🧑 ····· 윤수 　수학에서 도형을 배우는데 모르는 부분이 있어서 〈필승! 중학교 수학〉이라는 유튜브 채널을 보고 공부했어요! 이해하기 쉬웠어요!

🧑 ····· 선생님 　그렇군요. 그래서 도형 문제는 전부 풀었어요?

🧑 ····· 윤수 　아니요. 본격적으로 참고서를 펴서 문제를 풀려고 했지만, '어? 다 안다고 생각했는데?' 하면서 막히는 부분이 꽤 있었어요.

🧑 ····· 선생님 　그럴 때는 어떻게 해요?

🧑 ····· 윤수 　참고서의 해답과 해설 페이지를……

| | | |
|---|---|---|
| …… 선생님 | 읽었군요? |
| …… 윤수 | 네……. |
| …… 은하 | 뭐야! 결국 '읽지 않으면 안 된다'는 뜻이잖아! |
| …… 선생님 | 그런 셈이죠. 물론 모르는 부분을 동영상 해설을 보 |

고 알게 될 때도 있겠죠. 하지만 '내가 모르는 부분을 잘 해설해 줄 동영상이 있을 가능성'은 결코 100퍼센트가 아니에요. 책과 해설서도 100퍼센트가 아니지만, 아마 책과 해설서 쪽이 학습 내용을 포괄하는 범위가 넓을 거예요.

그리고 더 중요한 사항이 있는데, 도움이 되는 동영상이 나오 려면

① 그 내용을 잘 알고 있는 유튜버

② 그 내용을 보고 싶은 사람

양쪽 다 어느 정도 인원수가 있어야만 해요. 지금 여러분은 중학생이고, 중학생이 학교에서 공부하는 내용은 전국 어디나 똑같죠. 그래서 교과 내용을 아는 사람이 많이 있고, '이런 동영 상이 있으면 보고 싶다'라고 말하는 사람도 많아요. 그래서 유 튜버가 '좋은 동영상을 만들자!'라고 의욕을 가지고 이해하기 쉬운 동영상을 만드는 거죠. 그런데 여러분이 대학생이나 대학 원생이 됐을 때는 어떨까요? 내용이 몹시 어려워지니까 ①이 줄어들겠죠. 같은 내용을 공부하는 사람도 적어지니까 ②도 줄

어들 거예요. 지금은 유튜브로 충분할지 몰라도 앞으로 공부를 계속해 나가려면 동영상 이외의 방법으로 공부할 수 있는 편이 좋고, 그렇다면 책을 읽는 게 가장 손쉽고 빠르겠죠.

**윤수** 　선생님, 저는 아마 이과 쪽으로 진학할 것 같아요. 수학을 잘하니까요. 그렇다면 식이나 계산 같은 것만 나올 테니 굳이 책을 읽을 필요가 없지 않나요?

**선생님** 　안타깝지만 읽기는 문과에서만 필요한 게 아니에요. 이과라고 불리는 자연 과학계에서도 책을 많이 읽어야 해요. 대학에 들어가면 1학년 때부터 많은 '교과서'를 읽거든요. 그러니까 문과든 이과든 더 잘 배우고 익히려면 독해력이 필요해요.

　대학에 가지 않을 거라서 필요 없다고 생각할지 모르겠지만, 어른이 돼서 새로운 지식을 몸에 익혀야 할 때도 많아요. 예를 들어 요리사 수업을 받고 내 가게를 차리려고 할 때 요리 실력만 쌓는 게 아니라 '어떻게 하면 장사를 할 수 있을까'를 배워야 할지도 모르고, 위생 관리 자격이 필요할 때도 있겠죠. 직업뿐만 아니라 아이를 키울 때도 책을 읽으면 도움이 많이 돼요.

**은하** 　아이를 키울 때도요? 그냥 부모님에게 물어보면 안 될까요?

**선생님** 　육아 경험이 있는 사람이라도 보통은 내 아이 일밖에 몰라요. 아기마다 성격도, 키우는 방법도 많이 달라요. 게다가 건강이나 발달상의 문제가 있을 때는 나 자신의 한정된 육아 경험만으로는 알 수 없는 것, 모르는 것이 많은 게 당연해요. 부모마다 가진 육아 '궁금증'에 대해 전부 답해 줄 수 있는 사람은 거의 없으니까 책 등의 정보를 '읽고 이해하면서' 부모 스스로 해결할 필요가 있어요.

····· **윤수**  아, 그렇겠네요. 지금 말씀하신 예는 대체로 설명문일 것 같은데, 설명문을 읽는 독해력이 필요하다고 생각해도 될까요?

····· **선생님**  맞아요. '이과'뿐만 아니라 여러 전문 영역에서 공부하려면 우선 '설명문'이라는 장르의 독해력이 필요해요. 새로운 개념이나 이론을 읽고 이해하는 힘이 반드시 필요하죠. 직업이나 육아에 관한 지식도 우선은 설명문에서 배우는 경우가 많아요. 그러니까 이 책에서는 앞으로 '설명문을 이해하는 힘'으로서 '독해력'에 주목하려고 해요.

하지만 중요한 순간에 소설에서 읽었던 내용이 도움이 될 때도 있고, 무엇보다 한 사람의 인격 형성에 큰 영향을 미치는 멋진 소설도 있답니다. 좋은 이야기가 뒷받침돼야 기술이 제대로 발전할 수 있으니 그런 의미에서 보면 이야기 글도 무척 중요하다고······.

**세희**　선생님이 흥분하셨어…….

## 2 모든 사람이 독해력을 갖출 필요가 있을까?

**선생님**　아, 하마터면 옆길로 샐 뻔했네요. 그러면 우선 설명문을 이해하기 위한 독해력에 초점을 맞춰서, '모든 사람에게 독해력이 필요할까'라는 점을 생각해 볼까요?

**세희**　조금 전에 말씀하신 게 답 같아요. 모든 사람이 '누군가 읽어 주겠지'라고 생각한다면 아무도 안 읽을 거예요.

**은하**　내가 알고 싶은 것을 누군가 딱 맞춰서 이해시켜 줄지 그렇지 않을지에만 의존한다면 도박 같다는 생각이 들지 않아? 앞서 선생님이 말씀하신 것처럼 전문적인 내용일수록 이해하고 있는 사람도 적을 테니 말이야.

**윤수**　뭐야, 둘이서 편 먹은 것처럼……. 이해하고 있는 사람이 줄어든다 하더라도 AI가 해 주지 않을까? '알렉사, 수력 발전의 구조에 대해 가르쳐 줘'라고 하듯이 말이야.

**선생님**　AI가 어딘가에서 정보를 모아와서 딱 맞게 정리해 준다는 꿈 같은 시스템이네요.

**윤수**　선생님마저 그러실 거예요?

**선생님**　아, 미안해요. 분명 그런 꿈 같은 시스템이 만들어진다면 AI가 새로운 정보를 모으고, 그 정보에서 새로운 정보를 만들어 내고, 이를 다시 AI가 모으는 식의 시스템이 될지도 모르겠어요.

**윤수** 처음에는 그렇게 되면 좋겠다고 생각했는데요, 선생님 말씀을 듣고 보니 좀 무섭다는 생각이 들었어요. 기계가 제멋대로 정보를 만들어 낸다면……. 영화라면 인간이 소멸하는 전개가 되겠죠.

**선생님** 그런 영화가 있죠. 우선 현 상태를 이야기하자면 최신 AI 기술이라도 인간처럼 읽을 수는 없어서 인간의 읽기를 AI가 대신하는 건 어려워요. 그러니까 영화처럼 AI가 폭주한다는 건 지금 단계에서는 걱정하지 않아도 돼요.

그런데 AI 기술에서 '읽는다'라는 건 문자라는 기호를 규칙과 확률에 따라 처리해 나간다는 의미예요. 여기에 '의미'는 없어요.

**세희** 잘 이해가 되지 않아요…….

**선생님** 다음의 두 문장을 보고 비교해 봅시다.

A 기린이 사과를 먹었다.

B 기린이 사과에게 먹혔다.

두 문장이 상당히 다르죠? A 문장은 쉽게 이해할 수 있어요. B가 이상한 건 금세 알 수 있겠죠? 하지만 AI가 이렇게 판단하는 건 쉽지 않아요.

**은하** ····· 네? 사과가 기린을 먹기에는 너무 작잖아요.

**윤수** ····· 아니, 크기의 문제가 아니야. 사과가 무언가를 '먹는다'는 것 자체가 이상해. 사과는 과일, 식물이니까.

**선생님** ····· 두 사람이 지금 '기린은 이러이러하다' '사과는 이러이러하다'는 의미에 대해 답해 줬네요. 사과는 기린보다 훨씬 작다, 사과는 식물이니까 무언가를 '먹거나' 하지 않는다. 맞아요. 기린과 사과의 뜻을 가지고 생각해 본다면 B 문장 같은 일은 일어나지 않는다, 이것이 '상식'이죠. 두 사람은 의미를 사용해 두 문장이 다르다는 사실, B는 있을 수 없는 일이라는 사실을 읽어 냈어요. 문장을 읽을 때는 이러한 판단을 많이 내리게 되죠.

한편 AI가 정보를 처리하는 기본은 '함께 사용하는 단어의 조합'과 '규칙'이에요. 두 문장은 모두 같은 단어로 이루어져 있어서 문법적으로는 '올바르죠'. 그럼 AI로서는 '두 문장 다 맞네?'라고 생각하게 돼요. 즉, AI는 '의미'와 '상식'을 사용해 문장을 읽어 낼 줄 모르는 거예요(그림 1-1).

**세희** ····· 하지만 규칙도 사용하잖아요? 의미가 없더라도 규칙을 이해하면 읽을 수 있지 않나요? 예를 들어 '식물은 동물을 먹지 못한다'라는 규칙을 가르치면 되지 않을까요?

**선생님** ····· 매우 중요한 점에 착안했네요! 그럴 때는 C, D를 어떻게

**[그림 1-1] AI는 '상식'을 이용해서 읽을 줄 모른다**

기린이 사과를 먹었다                    기린이 사과에게 먹혔다

이해할까요?

　C 다람쥐가 기린에게 먹혔다.

　D 기린을 사자가 먹었다.

**····· 세희**　　기린이 초식동물이니까 C가 이상하고 D는 괜찮아요. 다른 규칙이 필요하겠는데, 그러면 규칙이 점점 늘어나요…….

**····· 선생님**　　맞아요. 간단한 문장이라도 꽤 많은 상식과 규칙이 들어가 있어요. 그리고 인간이 사용하는 상식과 규칙을 AI에게 전부 가르친다는 건 사실상 불가능해요.

　　AI가 못하는 분야가 또 있어요. 여러분은 기린, 사과라는 말을 들으면 이미지를 떠올리죠. 은하는 '크기가 전혀 달라요'라고 말했어요. 분명 은하의 머릿속에는 기린과 사과의 이미지가 떠올랐을 거예요. 이런 이미지도 의미로서 중요해요. 하지만 AI는 의미를 파악할 수 없으니까 이미지와 말을 연결하지 못해요. 예를 들어 '사과'의 특징으로서 '빨갛다' '둥글다'라는, 수치로 환산할 수 있는 정보를 사용해서 전 세계의 자료를 참조해 '사과'를 찾게 하면 순식간에 많은 '사과' 사진을 찾아내요. 하지만 찾아낸 사진 중에는 '빨간 풍선'이나 '빨간 공' '체리' '아세롤라' 등 사람이 보면 금방 알 수 있는, 정답이 아닌 사진도 있어요. 이렇게 수치로 환산하기 어려운 부분을 AI가 배워 나가는 과정에 대해 지금 많은 연구가 이루어지고 있지만, 적어도 AI가 인간의 이해와 사고를 대신할 수는 없는 상황이에요.

 ······ **은하** 　그렇다면 우리가 기린이라든가 사과라는 말을 들었을 때 당연하게 머리에 떠올리는 것들을 AI는 전혀 떠올리지 못하나요?

 ······ **선생님** 　맞아요. AI는 떠올리지 못해요.

 ······ **윤수** 　그렇지만 얼마 전에 '독해 시험에서 AI가 인간을 이겼다!'라는 동영상을 봤어요······.

 ······ **선생님** 　그 경우 어떤 문제로 시험을 봤는지가 매우 중요해요. AI가 인간을 이기는 상황은

　1 범위가 어느 정도 한정돼 있을 것

2 서로 연관된 단어들이 사용되는지 여부로 판단할 수 있는 문제일 것

이 두 가지를 만족시키는 경우라고 할 수 있어요.

예를 들어 교과서의 출제 범위를 정해 놓고 그 범위 안에서 괄호 채우기 같은 문제를 내면 AI가 더 잘 풀어요.

**은하**      세계사 교과서 범위에서 '프랑스혁명은 ( )년에 일어났다' 같은 문제를 내면 될까요?

**선생님**      그 문제라면 AI가 풀 수 있겠네요. 교과서 데이터 안에서 '프랑스' '혁명'처럼 같이 사용되는 단어를 찾으면 답을 맞히겠죠.

**세희**      음, '로마는 왜 멸망했는가?' 같은 문제는 어때요?

**선생님**      글쎄요. 교과서에서 '로마제국' '멸망'이라는 키워드가 포함돼 있는 부분을 찾을 수는 있겠죠. 하지만 이를 질문에 답하는 형식으로 기술하는 건 어렵지 않을까요?

**윤수**      네? 그렇다면 검색밖에 방법이 없네요!

**선생님**      물론 인공지능 기술이 발전해서 글을 요약하는 AI도 나와 있어요. 하지만 기본적인 구조는 검색이라 많이 나오는 단어를 연결하는 방식을 취해요. 글 전체가 어떤 구조로 돼 있고 취지가 무엇인가를 생각하려면 역시 인간이 해야 해요.

**윤수**      그렇구나. 안 되는구나…….

**은하**      윤수도 읽기 열심히 하자!

**세희의 노트**

◎ 설명문 읽기와 이야기 글 읽기는 다르다.

◎ 동영상도, AI도 내 읽기를 대신해 줄 수는 없다.

◎ 이과 공부를 하거나 대학에 가지 않더라도 더 잘 '살아가기' 위

해 독해력을 기르는 게 좋다.

## 제2장
## 왜 읽지 못할까?

### 글자를 글자로 읽기 어려운 증상

**선생님** 이번에는 세희의 의문에 답해 볼게요. 읽기를 잘하고 좋아하는 세희로서는 '책 읽기가 싫다'든가 '읽어도 모르겠다'는 감각을 잘 모르는 것 같아요.

**세희** 저는 신기해요. 다들 우리말 단어를 알고 있잖아요. 글자만 읽을 수 있으면 다들 '읽을 수 있는 것' 아닌가요? 요즘에 글자를 읽지 못하는 사람이 있나요?

**선생님** 그렇지 않아요. 글자를 읽지 못하는 사람이 꽤 있어요. 정확한 조사라고 할 수는 없지만 대체로 5퍼센트 정도의 사람이 '글자를 읽는 데 어려움을 겪는다'고 해요.* 유럽과 미국에서는 10퍼센트 이상이라는 조사도 있어요.

**세희**　　네? 그렇게 많아요? 학교에 다니지 않는 사람들인가요?

**선생님**　　꽤 많죠? '읽지 못한다'라기보다 '읽기가 매우 힘들다'라고 말하는 게 정확한데요, '난독증'은 발달 장애 중 하나예요. 유럽과 미국에서 잘 알려져 있어서 학교에서도 지원을 받는 경우가 많지만, 우리나라에서는 아직 덜 알려져서 학교의 지원이 부족하다는 생각도 드네요.

**세희**　　난독증은 지적 장애를 말하나요?

**선생님**　　지적 장애와는 달라요. 높은 지적 수준을 가진 사람 중에도 난독증이 있어요. 심지어 학자도 있고요. 일반적인 의미에서 '시력'에 문제가 있지도 않아요.

난독증은 글자 읽기와 쓰기가 특별히 어려운 증상을 말해요.

**세희**　　몰랐어요. 그런 건 그냥 유치원이나 초등학생 때 열심히 연습하면 되지 않나요?

**선생님**　　연습과 관계가 없어요.

---

\* 「일반 학급에 재학 중인 특수교육적 지원을 필요로 하는 아동에 대한 전국실태조사」(일본, 2003년 3월)의 「지적 발달이 늦지 않음에도 학습 면에서 현저한 어려움을 보인다고 담임 교사가 응답한 아동의 비율」(학습장애의 비율).

····· 세희 　네? 관계가 없어요?

····· 선생님 　네. 난독증이 있으면 선천적으로 글자를 글자로서 읽기가 어렵다든가, 글자와 소리를 대응시키기가 힘들어요. 뇌가 다른 식으로 작동하기 때문에 아무리 열심히 연습해도 남들처럼 되지 않아요. 사실 난독증이 있는 많은 사람이 초등학교에서 몇 시간씩 필사적으로 연습해도 읽지 못하는 경험을 하고 있어요. 남들이 당연하게 하는 것을 못 하는 거예요. 그러면 낙심하고 자신감을 잃겠죠. 하루라도 빨리 '난독증'으로 정부 지원을 받을 수 있으면 좋을 텐데요.

····· 세희 　글자를 글자로서 읽기가 어렵다는 건 어떤 식인가요?

····· 선생님 　난독증이 있는 사람에게 '어떤 식으로 보이나요?' 하고 물어보면(品川, 2003) '글자가 정렬돼 있지 않다' '형태의 차이를 모르겠고 전부 똑같이 보인다' '구부러져 보이기도 하고 뒤집혀 보이기도 한다' 등 여러 가지 대답을 해요(그림 2-1). 이런 글자를 읽어 보라고 했을 때를 상상해 보면 난독증이 있는 사람이 얼마나 힘든지를 알 수 있겠죠.

····· 세희 　무진장 애를 쓰면 어떻게든 읽을 텐데……. 하지만 분명 시간이 많이 걸리고 힘들 거예요. 겨우 읽는 게 고작이고 내용까지는 머리에 안 들어갈 것 같아요.

····· 선생님 　난독증이 있어서 문자를 읽지 못한다는 것에는 앞에

**[그림 2-1] 읽기와 쓰기 장애가 있는 사람이 보는 글자(品川, 2003을 바탕으로 작성)**

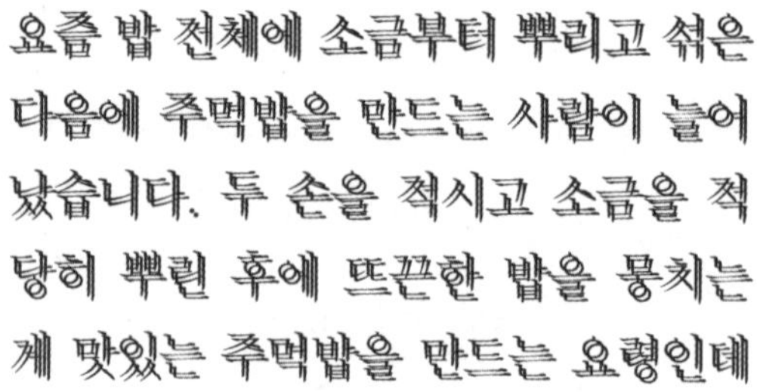

요즘 밥 전체에 소금부터 뿌리고 섞은
다음에 주먹밥을 만드는 사람이 늘어
났습니다. 두 손을 적시고 소금을 적
당히 뿌린 후에 뜨끈한 밥을 뭉치는
게 맛있는 주먹밥을 만드는 요령인데

글자가 이중으로 겹쳐 보인다

요즘 밥 전체에 소금부터 뿌리고 섞은
다음에 주먹밥을 만드는 사람이 늘어
났습니다. 두 손을 적시고 소금을 적
당히 뿌린 후에 뜨끈한 밥을 뭉치는
게 맛있는 주먹밥을 만드는 요령인데

글자가 일그러져 보인다

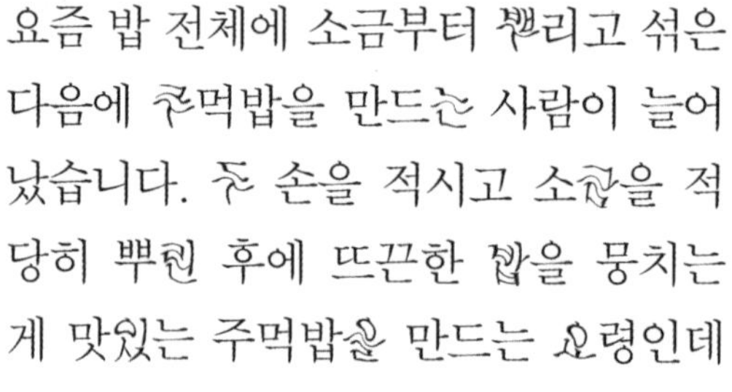

요즘 밥 전체에 소금부터 뿌리고 섞은
다음에 주먹밥을 만드는 사람이 늘어
났습니다. 두 손을 적시고 소금을 적
당히 뿌린 후에 뜨끈한 밥을 뭉치는
게 맛있는 주먹밥을 만드는 요령인데

일부 글자가 움직이는 것처럼 보인다

서 설명했듯 '보이지 않는다'라는 문제와, 봤던 기호를 음에 대응시키기가 어렵다는 문제도 있어요.

글을 읽을 때는 우선 '글자를 읽죠'. 이때 '문자를 음에 대응시켜 그 음을 바탕으로 의미에 도달한다'는 과정이 기본이에요. 이 과정이 순조롭게 이루어지지 않으면 의미까지 도달하지 못해요. 세희가 '겨우 읽는 게 고작이다'라고 말한 그대로예요. 글자를 음으로 변환시키지 못한다면 의미에 도달하지도 못해요. 예를 들어 글자를 배우기 시작한 어린이가 그림책을 읽을 때 "사, 과, 가…… 사, 과……. 아아, 사과!" 하는 식으로 말하는 경우가 있죠. 열심히 문자를 소리로 변환시켜도 처음에는 의미까지 도달하지 못하다가 나중에 '아, 그거구나!' 하고 의미를 파악한다는 사실을 잘 알 수 있어요(그림 2-2).

**⋯⋯ 세희**　　그렇구나. 어휘력이 있으면 언어 지식이 있다는 뜻이니까 읽기가 쉬울 거라고 생각했는데 그렇게 간단하지 않네요. 어휘력이 뛰어나다고 해도 글자를 읽고 소리로 대응시키는 과정을 거치지 못한다면 '읽지 못하는' 거네요. 난독증이 있는 사람은 정말 힘들겠어요. 5퍼센트라면 한 반에 한 명 정도일까요⋯⋯?

**⋯⋯ 선생님**　　글자를 읽지 못한다는 건 힘들죠. 다른 아이들은 당연한 듯이 읽으니까요. 어린아이가 스스로 '나는 난독증이 있으

**[그림 2-2] 기호(글자)를 소리와 대응시켜서 '의미'에 도달한다**

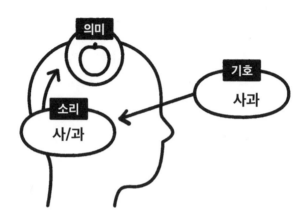

니까 이해해 줘'라고 말하기란 힘들죠. 왜 나는 안 될까 하면서 무척 고민할 거예요. 보호자와 학교 선생님이 읽기 쉽도록 방법을 찾아 주거나 음성 교재를 사용해서 공부가 뒤처지지 않도록 지원해 주는 게 필요해요.

 ····· 세희    읽기가 쉬워지는 방법이 있어요?

 ····· 선생님    앞에서 말한 '소리와 글자의 대응'을 연습하는 훈련을 하면 나아지는 경우가 많아요. 보는 방식을 개선하는 방법도 있어요. 예를 들면 읽을 문장 한 줄씩만 보이게끔 주변 글자를 가리는 기구를 쓰면 읽기 쉬워져요. 그 외에도 행간을 넓히면 좋다든가, 색 책받침을 받쳐서 읽기 쉽게 한다든가 하는 몇

가지 방법이 효과가 있다고 해요. 하지만 저마다 자기에게 맞는 방법이 다르니까 시행착오를 거쳐야 해요. 어쨌든 난독증이 있는 아이는 다른 아이들과 똑같은 방법으로는 글자를 읽을 수 없으니까 지원이 꼭 필요해요.

## 글자를 읽을 수 있으면 내용도 이해할까?

…… **세희**　　그렇다면 난독증 같은 장애가 없으면 문제가 없고, 글을 다 읽을 수 있나요? 글자를 읽을 수 있으면 책을 읽고 이해할 수 있을까요?

…… **선생님**　　가장 기초적인 부분은 통과할 수 있겠죠. 사실 '읽고 이해하기'에는 더 많은 부분이 있어요. '읽으면 자연히 머릿속에 정보가 주입된다'라고 생각하기 쉽지만, 읽기라는 건 읽는 사람이 길을 열심히 걸으면서 전체 지도를 만들어 나가는 적극적이고 주체적인 과정이에요!

…… **세희**　　아, 제가 생각했던 것과는 다르네요. 멋있어요.

…… **선생님**　　맞아요. 멋있죠?

　　그런 길을 따라 걷는 여정을 통해 만들어 낸 지도를 '표상(表象)'이라고 불러요. 그러니까 읽기란 머릿속에 '표상'을 만드는 작업이라고 할 수 있어요. 표상이라고 하니까 어렵게 들리지만, 글의 내용을 머릿속에 재현한 것이라고 생각하면 돼요. 머리에 영상을 떠올리는 식으로 생각하는 게 이해하기 쉬울지도 모르지만, 말을 연결해서 만드는 표상도 있어요. 여기서는 말을 연결해서 만드는 표상을 생각해 봅시다.

먼저 문자에서 소리, 그리고 의미에 도착하는 길이 있어요. 이것만으로도 상당히 힘들다는 이야기를 앞서 했죠?

그다음에는 우선 단어와 단어의 관계를 지식과 문맥, 문법 지식을 사용해서 '명제'라는 '덩어리'로 만드는 작업이 기다리고 있어요. 명제는 의미의 최소 단위인데요, 동사와 형용사를 축으로 해서 단어 사이의 관계를 나타내는 거예요.

**····· 세희**  어려운 말이네요……. '명제' 대신 '문장'이라고 하면 안 되나요?

**····· 선생님**  문장이 꼭 명제에 대응하지는 않아요. 하나의 문장에 여러 개의 명제가 포함된 경우도 있어요. 그림 2-3을 보세요. 예를 들어 '여왕은 백설 공주가 사과 먹는 것을 봤다'라고 할 때, 문장이 하나인데 명제는 두 개예요. 하나의 명제 안에 또 하나의 명제가 마치 마트료시카 인형처럼 쏙 들어가 있죠.

**····· 세희**  그렇군요. 문장의 수와 명제의 수가 반드시 일치한다고 할 수는 없네요. 앞에서 말씀하신 백설 공주의 예를 들어

**[그림 2-3] 다른 명제를 포함하는 명제**

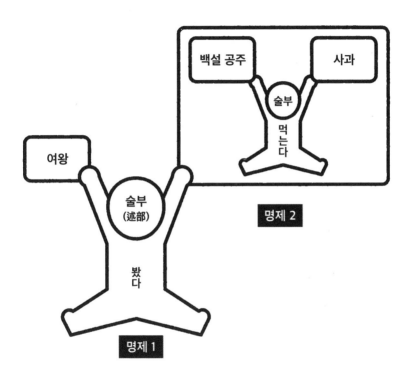

'여왕이 봤다'라는 명제 1에,
'백설 공주가 사과를 먹는다'라는 다른 명제가 포함돼 있다.

서 '할머니로 변장한 여왕은'이라고 하면, 여기에 '변장했다'라는 술어가 있으니까 명제가 하나 더 생기네요. …… 그러니까 문장에는 의미가 많이 포함돼 있는 문장과 하나밖에 없는 간단한 문장이 있군요.

🧑‍🦰 …… 선생님　맞아요! 이 예문을 보면 의미가 많이 포함된 문장이 더 어렵게 느껴지죠? '글자는 읽을 수 있지만 내용이 뭔지 잘 모르겠다'는 느낌이 드는 원인의 하나는 의미가 많이 포함된 문장이 나오면 명제로 만들기가 쉽지 않아서일 거예요. 명제가 간단한 쪽이 쉽게 읽히는데, 예를 들어 '백설 공주가 사과를 먹는다'처럼 간단한 문장은 전달할 내용이 너무 적어서 오히려 부자연스러운 느낌이 들어요. 자연스럽게 쓰인 문장 안에는 많은 명제가 차곡차곡 포개져 들어가서 서로 연결돼 있는데, 이를 읽어 낼 필요가 있어요.

더 나아가 여기에서 다른 명제와 어떤 식으로 이어져 있는지 명제들 사이의 연결을 생각해야 해요. A와 B 두 문장을 보세요.

A 백설 공주는 사과를 무척 좋아했다.

B 난쟁이들이 숲으로 일하러 간다.

어느 쪽이 앞의 예문과 가까운 관계일까요?

🧑‍🦱 …… 세희　음, 둘 다 백설 공주 이야기니까 다 관계가 있다면 있어 보이는데…… 백설 공주와 사과 이야기니까 A 아닐까요?

····· 선생님     정답이에요. 글을 읽을 때도 그런 식으로 명제와 명
제의 관계를 판단하죠. 앞의 명제에 포함된 정보와 지금 읽은
명제에 포함된 정보를 비교해 보면 겹치는 부분이 있어요. 그
러면 두 명제가 가까운 관계라는 걸 알 수 있어요. '난쟁이들'은
지금까지의 명제에 포함되지 않았으니까 조금 먼 관계죠.

　이렇게 몇 가지 명제의 관계를 고려하면서 글 전체에 어떤 식
으로 명제가 관련돼 있는가를 생각하는 게 '읽기'랍니다.

····· 세희     생각했던 것보다 어렵네요.

····· 선생님     그렇죠. 게다가 실제 문장에는 생략된 부분이 있거
나 명제가 겹치는 부분을 빼는 경우도 있어요. 만약 앞의 예문
에 '백설 공주가 사과를 먹었다. 그것을 여왕이 보고 있었다'라
고 적혀 있었다면 어떨까요? 여왕이 무엇을 보고 있었는지는
없었어요.

····· 세희     네? 하지만 '그것'이라고 돼 있으니까 알 수 있어요.

····· 선생님     맞아요. 세희가 '그것'에 해당하는 게 무엇인가를 생
각했기 때문에 알 수 있는 거예요! 단순히 쓰인 정보를 연결해
가는 것뿐만 아니라 분명하게 쓰이지 않은 것을 추론해서 명제
와 명제의 관계를 만들었던 거죠. 명제와 병제의 관계를 만드는
것도 '머릿속에 정보가 자연스럽게 주입되는' 게 아니라 읽는
사람이 생각해서 추측해 만드는 거예요.

**세희** 　　누가 그런 걸 하나하나 생각하며 읽을까요? 일일이 따지면서 읽지는 않잖아요.

**선생님** 　　읽기에 익숙해지면 글자에서 소리로 변환하는 걸 하나하나 생각하지 않는 것처럼 '그것'이나 '이것'이 무엇을 가리키는가, 생략돼 있는 주어는 무엇인가 등을 의식하지 않아도 자연스럽게 추론할 수 있어요. 그러니까 의도적으로 '자, 여기에서 그것이 무엇인지 추측해 보자!' 하면서 읽지는 않아요. 하지만 생각하고 있고 추측하고 있어요. 세희는 '그런 건 당연하다. 누가 일일이 그런 생각을 하느냐'고 여길지도 모르지만, 처음부터 다들 자연스럽게 하지도 않아요.

　　게다가 자연스럽게 한다고 해도 다음과 같은 추측은 '힘들고' '어려운' 종류랍니다. 브리튼과 걸고스의 실험(Britton&Gulgoz, 1991)에서 사용한 역사 학습 자료를 살펴봅시다. 어느 쪽이 읽기 쉬울까요? 하나를 선택하라면 어느 쪽을 고르겠어요?

**세희** 　　음……, B가 더 길지만, B가 더 나은 것 같아요. A는 '사이공이 어디지?' 하면서 하나하나 따지게 돼요. 앞서 이야기한 '이'나 '그' 같은 지시사도 A쪽이 많아요.

**선생님** 　　잘 봤어요. 글자 수가 적은 쪽이 빨리 읽을 수 있어서 쉬워 보이지만 그렇지 않아요. 이 예에서는 '그'와 '이' 같은 단어에 더하여, 사이공과 남베트남, 하노이와 북베트남이 대응하

## A

북부에서 공방전: 1965년

1964년 가을, 사이공과 워싱턴 모두 남부에서 계속되는 이 문제의 원인으로 하노이를 주목했다. 남베트남군이 전장의 적을 물리치지 못하는 데 대한 초조함이 계속되자, 북베트남을 직접 공격해야 한다는 압력이 커졌다. 미국인들 사이에서는 북베트남으로 공습을 확대하는 것에 대한 합의가 거의 이루어졌으나 그 목적과 그 방식에 대해 시민과 군인 사이에서 심각한 불일치가 드러났다……. (3문장, 166자)

## B

1965년 북베트남 공방전

1965년 초까지 남베트남과 미국에 있는 미군은 전쟁이 계속되는 원인이 북베트남에 있다고 생각했다. 남베트남군은 북베트남에 계속 진지를 빼앗겼고, 이는 미군에게 초조함을 불러일으켰다. 초조함은 북베트남을 공중 폭격해야 한다는 압력으로 이어졌다. 대부분의 미국인이 북베트남에 대한 공중 폭격을 지지했다. 그러나 시민과 군인 사이에서 공습의 목적과 방법 모두에 대해 심각한 불일치가 있었다……. (5문장, 172자)

브리튼 & 걸고스(1991)

는 것을 추측해야 하는 A가 어려운 글이라고 할 수 있어요. 거기에다 같은 내용을 더 적은 수의 문장으로 쓴다는 것은 그만큼 명제가 '많이 포함된 문장'이 된다는 뜻으로, 명제를 파악하기도 쉽지 않죠. 이러한 글을 사용해서 실험해 보면, 특히 읽기를 힘들어하거나 흥미가 없는 사람의 경우, B처럼 문장을 단순한 구조로 만들어서 추측이 필요한 부분을 줄이는 쪽이 더 이해하기 쉽다는 결과가 나와요. 즉, 실제로 읽기의 어려움에 '명제'나 '명제의 관계'가 관련되는 걸 알 수 있죠. 별것 아닌 것처럼 보이는 차이일지라도, 티끌 모아 태산인 셈이에요.

**세희**　　아, 그렇지만 그다지 흥미 없는 내용의 텍스트를 선생님이 가지고 와서 '어느 쪽을 읽을래?' 하고 묻는다면 짧은 쪽을 읽겠다고 할 것 같아요!

**선생님**　　중요한 것은 글의 길이보다 문장의 복잡함이나 추측해야 하는 부분이 얼마나 있는가 하는 문제니까 이걸 잊지 말도록 해요!

**세희**　　네!

그러고 보니 국어 수업에서 가끔 '이 지시어가 가리키는 것은 무엇인가'라는 문제가 나오잖아요. 그런 문제는 명제와 명제의 관계를 만드는 것과 관련이 있나요?

**선생님**　　그래요. 글을 이해하려면 명제와 명제의 관계를 알아야 한다, 명제와 명제의 관계가 문장 속에 분명하게 쓰이지 않았으니까 추측해야 한다, 그 추측의 기본을 해낼 수 있는가, 하는 문제죠.


## 그래도 이해할 수 없는 내용이 있다
## - 보텀업과 톱다운 독해

**세희**     선생님, 여기에 '보텀업 독해'라고 돼 있는데 다른 독해도 있나요?

**선생님**     역시 세희답네요. 잘 깨달았어요. 앞서 살펴보았듯이 보텀업이란 문자→단어→명제→명제 사이의 연결을 파악하는 식으로 하나하나의 정보를 쌓아 올리는 독해 방식이에요. 이와 반대로 전체 내용이 어떤 지식의 범위 혹은 틀에 맞는지 결정해 가는 방식으로 읽는 방법을 '톱다운'이라고 해요.

**세희**     그렇다면 톱다운 독해가 있다는 말씀이에요? 보텀업말고 독해법이 또 있다고요?

**선생님**     자자, 힘든 건 잘 알지만 일단 다음 글을 읽어 봅시다.

**세희**     읽었는데요……. 이게 뭔가요? 잘 모르겠어요.

**선생님**     잘 모르겠죠? 음. 하지만 딱히 어려운 단어는 없죠?

순서는 실로 간단하다. 우선 몇 개의 무더기로 정리한다. 물론 양에 따라 하나의 무더기로 해도 상관없다. 설비가 그 자리에 없을 때는 다음 단계로서 다른 장소로 간다. 그렇지 않다면 준비는 끝이다. 너무 많은 양이 되지 않게 하는 것이 중요하다. 즉, 한 번에 너무 많은 양을 처리하는 것보다 적은 양을 처리하는 게 좋다. 단기적으로 보면 이는 그다지 중요하지 않게 보일지 모르지만 금세 성가시게 된다. 이를 잘못하면 금세 쌓인다. 처음에는 순서가 복잡하게 보일지도 모른다. 그러나 이는 곧 생활의 단순한 한 측면에 지나지 않게 될 것이다. 비교적 가까운 미래에 이 일이 없어진다는 전망은 없다. 그것은 아무도 모른다. 순서를 완료했다면 다시 몇 개의 무더기로 정리한다. 그런 다음 적절한 장소에 넣는다. 그리고 다시 한번 사용하게 된다. 이러한 주기를 반복해야 한다. 하지만 이는 생활의 일부다.

브랜스퍼드와 존슨의 실험에서 사용한 글

〔Bransford&Johnson, 1972를 번역(犬塚, 2018)〕

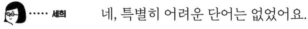 **세희**     네, 특별히 어려운 단어는 없었어요.

**선생님**     그렇다면 아까 말한 명제라든가 명제 사이의 관계 문제일까요?

**세희**     아니요. 그것도 아닌 것 같아요……. 뭐랄까……, 어디가 모르겠냐고 물으면 대답하기가 힘든데, 도대체 무슨 이야기인지 도통 알 수 없어요. 뭘 하고 있는지, 가장 중요한 '무엇'을 하는 방법에 관한 이야기인지 알 수 없어서 그냥 수수께끼 같아요. 그래서 어려웠어요.

**선생님** 하하하……, 이 글의 제목이 '세탁'이에요.

**세희** 세탁……? 아, 그렇군요! 그런 거였어요. 아, 그러고 보니 정말 세탁에 관한 글이네요!

**선생님** 이제 '알겠다'는 느낌이 들어요?

**세희** 물론이죠!

**선생님** 제목을 모르고 읽었을 때 어렵게 느꼈던 건 '무엇에 관한 이야기인지 모르는' 상태였기 때문이에요. '무엇에 관한 이야기인가'를 알면 내용을 이해할 수 있는 것이 바로 '톱다운' 독해예요. '세탁'이라는 제목을 듣자마자 각 문장이 무엇을 가리키는가를 순식간에 알아차렸죠. 이는 여기에 있는 정보가 세상의 수많은 정보 중에서 무엇을 가리키는지, 그 범위를 좁혀서 '의미의 범위'를 한정할 수 있기 때문이에요. '여러 가지 의미로 받아들여질 수 있는' 애매한 상태에서 분명한 틀이 주어지면 '어떤 표상'이라는 걸 알 수 있어요.

앞서 백설 공주 예문을 사용했는데, 그때 '난쟁이도 백설 공주 이야기니까 관계가 있다면 있다'는 식으로 세희가 말했죠?

그 문장을 봤을 때도 '백설 공주'라는 틀에 맞춘 톱다운 방식으로 머리가 돌아갔기 때문이에요(그림2-4).

**세희** 그럼 무슨 이야기인 줄 모르면 알 수 없다는 뜻인가요? 역사 지식이 전혀 없으면 역사소설이 지루한 것도 비슷한 경우겠네요?

**선생님** 맞아요, 비슷해요. '무슨 이야기인 줄 아는' 것뿐만 아니라 '이 문맥에서 이런 건 있을 수 없다는 걸 안다'든가 '이 경우에는 보통 이렇게 된다는 걸 안다' 등도 글을 읽고 이해하는 틀이 되죠.

한 번 읽고 이해할 수 없었던 책을 나중에 다시 읽었더니 의외로 머릿속에 잘 들어온 적이 있죠? 의미를 몰랐다가 어휘력이 늘면서 알게 된 측면도 물론 있지만, 이전에 없었던 지식을 몸에 익힌 덕에 톱다운 읽기가 가능해지는 경우도 있어요.

**세희** 어떤 지식이 있느냐가 그 글을 읽고 이해할 수 있는가에 크게 영향을 미치네요. 전혀 지식이 없는 경우는 어떻게 해야 좋을까요? 그냥 포기해야 하나요?

**선생님** 음, 그건 어려운 문제네요. 하지만 예를 들어 '목차를 잘 이용한다'면 도움이 될 때가 많아요. 또 책에 따라서 '정리'라든가 '개요' '키워드'가 책 첫머리나 마지막에 있을 때가 있어요. 이런 부분을 먼저 읽어 두면 도움이 될 때가 많죠.

**[그림 2-4] 글을 읽고 이해하는 과정**

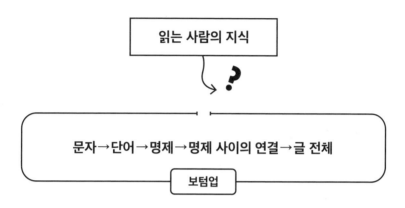

● '톱다운'이 잘 작동하지 않을 때

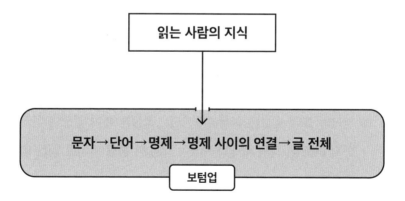

● '톱다운'이 잘 작동할 때

..... 세희    무슨 뜻이에요? 전 차례 페이지는 그냥 넘겼는데……. 읽는 편이 좋다는 말씀인가요?

..... 선생님    네. 차례를 찬찬히 읽어 나가면 '아, 대체로 이런 게 있구나' 하고 내용을 상상할 수 있어요. 상상은 못 하더라도 '내가 아는 사실과 다를까?' 하고 알고 있는 지식이 연상될지도 모르죠. 그러한 상상과 연상이, 다소 약하기는 하지만 톱다운 독해를 도와줘요.

..... 세희    내용을 온전히 알고 있으면 가장 좋겠지만, 잘 몰라서 오히려 알아보고 싶을지도 모르겠네요. 상상과 연상만으로는 약하니까 열심히 읽는 수밖에 없겠어요!

**세희의 노트**

◎ 글자를 읽을 수 있는 건 당연한 일이 아니다. 난독증이 있는 경우에는 특별한 훈련이나 방법이 필요하다.

◎ 의미의 단위는 '명제'다. 명제의 수가 많은 문장은 어렵다. 명제와 명제의 관계가 분명히 쓰이지 않은 경우 역시 이를 추측해야 하므로 어렵다.

◎ 지식의 틀에 맞으면 이해하기 쉽고, 적절한 틀이 없으면 이해하기 어렵다. 책의 차례나 개요는 적절한 틀을 가지고 읽는 데 도움을 준다.

# 제3장
# 암기와 이해는 어떻게 다를까?

## 인간의 지식이란 무엇인가?

**…… 은하**　선생님, 도와주세요!

세희가 독해력을 높이려면 공부해야 한다며 설교를 늘어놓아서 힘들어요. 톱다운이 중요하다면서요…….

**…… 선생님**　세희가 잘 이해했나 보네요! 다행이에요!

**…… 은하**　아뇨, 적어도 저한테는 다행이 아니라고요. 그렇게 많은 걸 기억하려면 힘들잖아요. 저는 기억력도 나쁘단 말이에요…….

**…… 선생님**　기억력이라. 은하는 기억력이 뭐라고 생각해요?

은하      네? 역시 빠르게 잘 외우는 사람이 기억력이 좋은 거 아닌가요? 박식하달까, 조금만 공부해도 금방 머릿속에 들어온 달까. 세희는 저보고 기억력이 좋다고 칭찬해 주는데 저는 잘 실감이 안 나요.

선생님      흠, 그러면 오늘은 '기억력'에 대해 이야기해 봅시다. 인간이 무언가를 어떻게 기억하는가에 대해서 말이죠.

은하      아, 저도 알고 싶어요. 어휘력이 풍부하다는 것도 기억력이 좋다는 뜻이죠? 그렇다면 독해력하고도 관계가 있겠네요.

선생님      그렇죠. 우선은 인간의 지식이 어떤 식으로 이루어져 있는가를 이야기할게요. 머릿속에 정보가 저장되는데, 이는 어떤 식으로 저장돼 있을까요?

종종 '서랍이 많은 사람'이라는 식으로 이야기하는데, 머릿속에 정리용 서랍이 있고 그 안에 정보를 차곡차곡 넣는 거죠. 그 서랍이 많을수록, 그리고 서랍 속 내용물이 많을수록 '지식이 풍부한 사람'이라는 이미지가 있는데, 과연 어떨까요(그림 3-1)?

은하      음, 딱 이런 식일 거라고 상상했어요.

선생님      하지만 심리학과 신경과학(이른바 뇌 과학)의 입장에서는 지식은 서랍이 아니라 '연상 관계로 이어진 네트워크'라고 제시해요. 그림 3-2처럼 지식을 지식 사이의 연결로 보죠. 이

[그림 3-1] '지식이 있는 사람'의 이미지

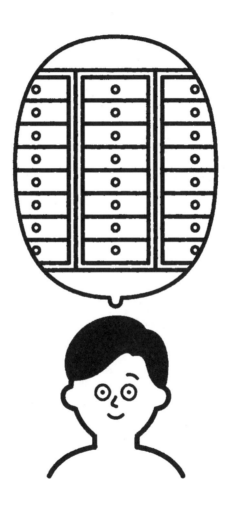

경우 A라는 지식과 B, C, D는 이어져 있어요. A를 들으면 B, C, D가 연상되고, C를 들으면 A, B, D가 떠오르는 식이에요. 그런데 X는 A에만 연결돼 있어요. 이 경우 A라고 했을 때 X가, X라고 했을 때 A가 연상되지만 B와 C라는 정보를 접해도 금방 X가 떠오르지는 않는다는 뜻이죠. 지식이 풍부하다는 말은 이런 연결이 크고 넓다고 표현할 수 있어요.

은하는 동물을 좋아하죠? 예를 들어 '바다표범'이라는 말을 들으면 뭐가 떠올라요? 떠오르는 대로 하나씩 말해 보세요. 혹시 엉뚱한 걸 말하지 않을까 하는 걱정은 하지 않아도 돼요.

 …… 은하      바다표범이요? 바다표범은…… 귀여워요. 특히 앞

**[그림 3-2] 심리학적으로 본 '지식'**

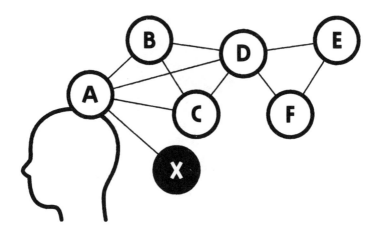

발이요……. 맨 먼저 떠오르는 건 점박이물범이에요. 새끼는 새하얀데 다 자란 개체는 회색에 검은 반점 모양이 있어요. 점박이물범은 바다표범 가운데서도 중간 정도 크기이고, 큰 바다표범은 남방코끼리물범이 있는데, 정말 커서 큰 개체는 아시아코끼리만큼 무거워요. 거대하죠. 그래서 거대한 만큼 다른 동물의 습격을 받는 일도 없고 매우 깊은 곳까지 잠수해서 물고기를 잡아먹어요. 큰 물고기라고 하면…….

🧑 …… **선생님**    자, 거기까지! 생각했던 것보다 많은 정보가 나와서 놀랐네요. 남방코끼리물범은 정말 크군요. 몰랐어요.

🧑 …… **은하**    아시아코끼리라고 하지만 일반적인 코끼리만 하니까요. 5톤 정도 나간대요!

🧑 …… **선생님**    거의 트럭 수준이네요…….

자, 본론으로 돌아갑시다! 지금 이야기한 은하의 지식은 다음과 같은 네트워크로 표현할 수 있어요(그림 3-3). 하지만 은하는 이보다 더 다양한 지식을 가지고 있을 테니까 연결도 더 많을 거예요. 전부 선으로 잇는다면 무척 복잡하고 큰 네트워크가 되겠죠. 그러니 이 그림은 한마디로, 은하의 거대하고 복잡한 지식 네트워크에서 지금 들은 말에 반응해 점점 연상이 넓어지는 모습의 스냅 사진이라고 보면 돼요.

🧑 …… **은하**    동물에서 뻗어 나가는 네트워크의 크기와 복잡함에

**[그림 3-3] 은하 머릿속의 '바다표범' 네트워크(추정)**

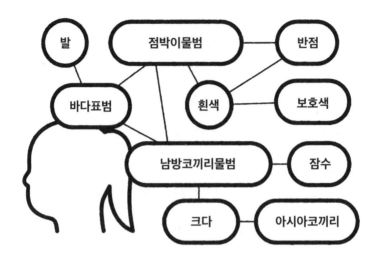

서만큼은 자신 있어요!

🙂 ····· 선생님　　그런 것 같네요. 그 말은 동물 관련 지식이라면 은하는 '기억력이 좋다'고 할 수 있지 않나요?

🙂 ····· 은하　　음, 그것과는 조금 다른 이야기 같아요. 저는 뭔가를 빨리, 많이 기억하지 못하고, 기억하는 데 시간이 걸리니까요. 그래서 딱히 기억력이 좋지는 않아요.

🙂 ····· 선생님　　그렇군요. 기억력이 '어느 정도로 넓은 네트워크를 가지고 있는가'가 아니라 얼마나 빨리 기억하는가에 관련돼 있다는 거네요. 그렇다면 다음은 인간의 기억 과정을 살펴봅시다.

# 기억의 구조 1 - 이중저장 모델

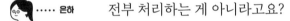 선생님　　기억의 구조를 이해하기 위해 우선 '이중저장 모델'을 소개할게요. 여기서 모델이란 '이론을 설명하기 위한 사고방식'이에요. 이중저장 모델은 1960년대부터 1970년대에 제안된 기억 모델인데, 인간의 기억의 특징을 이해하는 데 지금도 큰 도움이 돼요(그림 3-4).

우리를 둘러싼 환경에는 다양한 정보가 있어서 이러한 것들이 눈에 보이고 귀에 들리죠. 이것이 감각 등록이에요. 하지만 이들을 전부 받아들이지는 않아요. 우리가 처리하는 것은 그중 극히 일부뿐이죠. 이를 그림 3-4에서는 '주의 필터'라고 해요.

은하　　전부 처리하는 게 아니라고요?

선생님　　인간의 정보 처리 구조는 기계와 달라서 감각이 받아들이는 정보에 필터를 적용해요. 그래서 귀에는 들어오지만 들리지 않는다, 눈에는 보이지만 보이지 않는다는 현상이 일어나는 거예요.

은하　　그러고 보니 제가 학교에서 강연회가 열렸을 때 녹음을 했는데, 다시 들으려고 하니 알아듣기가 힘들었어요! 강연회장에서는 더 분명하게 들었는데요.

선생님　　녹음까지 했어요? 은하는 정말 열심히 공부하네요.

**[그림 3-4] 이중저장 모델(Atkinson&Shiffrin, 1968을 바탕으로 작성)**

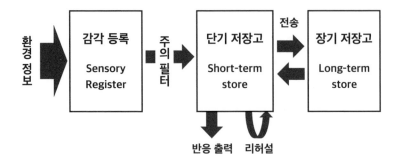

환경 정보 → 감각 등록 Sensory Register → 주의 필터 → 단기 저장고 Short-term store → 전송 → 장기 저장고 Long-term store

반응 출력  리허설

····· 은하    그보다 제가 신문 제작을 맡고 있어서 정리해서 기사로 써야 해요……. 그런데요, 선생님, 녹음기가 고물이라서 안 들렸다고 생각했는데 혹시 강연회장에서 들을 때는 제가 주의 필터로 잡음을 지우며 들었다는 건가요?

····· 선생님    네. 은하가 강연을 들었을 때는 그 이야기에 주의를 기울였죠. 하지만 녹음기는 이야기 외의 다양한 소리와 강연하는 사람의 목소리를 똑같이 처리해요. 은하가 주의를 기울이지 않았던 소리, 예를 들어서 주변 사람이 부스럭거리는 소리나 선생님의 기침 소리 등을 필터로 거를 수 있지만, 녹음기는 그러한 처리를 하지 않아요. 그래서 녹음기로 녹음한 소리를 알아듣기 어려운 거예요. 마이크를 쓰거나 음성을 편집해서 필터처럼

녹음을 처리하기도 하지만, 주의 필터는 기계에는 없는 인간만의 독자적인 구조라고 말할 수 있어요.

## 기억의 구조 2 - '묶어서 생각하라!'

····· 은하　　주의 필터를 거친 정보가 가는 곳이…… 단기 저장고. 단기라고 하면 아주 짧은 기간만 기억한다는 뜻인가요? 벼락치기 공부 같은 거예요?

····· 선생님　　단기 저장고는 정말로 짧아서 하룻밤도 가지 않아요. 기껏해야 수십 초 정도예요.

····· 은하　　네? 수십 초? 그렇게 짧은 기억이 의미 있나요?

····· 선생님　　일시적으로 정보를 저장하는 건 매우 중요해요! 단기 저장고는 작업을 하거나, 생각하거나, 문제를 풀 때 사용하는 다양한 정보를 두는 장소예요.

우선 '매우 짧은 순간의 기억'임을 잘 알 수 있는 예로, 피자를 배달시키는 경우를 생각해 봐요. 이때 가게 전화번호를 '일시적으로' 기억해 둘 필요가 있죠. 하지만 계속 기억할 필요가 없기 때문에 '070-5631-××××'라는 번호를 되뇌면서 전화를 걸었다가 주문이 끝나고 나서 '그런데 그 가게 전화번호 기억해?' 하고 물으면 사람들 대부분이 답하지 못할 거예요. 전화를 걸 때까지 극히 짧은 시간 동안만 기억했다가 그 뒤에는 잊어버리는 게 단기 저장고가 일시적으로 정보를 저장해 두는 곳임을 알 수 있는 좋은 예죠.

이중저장 모델 그림에 리허설이 있었죠? 이 '리허설'이란 '거듭 소리 내서 읽는다'라는 뜻이에요. 잊어버리지 않으려고 할 때 많은 사람이 그 정보를 입으로 반복해서 중얼거리죠. 소리를 내지 않는 경우도 있는데, 그렇게 정보를 소리 내어 말함으로써, 혹은 머리로 거듭 읽는 것을 리허설이라고 해요. 리허설을 하고 있을 때는 줄곧 머릿속에 보존해 두지만, 리허설을 그만두면 수십 초 만에 단기 저장고에서 지워져요.

피자 가게에 전화를 거는 경우, 전화할 때까지 리허설을 해서 정보를 보존해 두지만, '아메리칸 스페셜에 치즈 추가요……'라고 말하는 사이에 저장고에서 없어지는 거죠.

…… 은하　　아, 그랬군요. 일단 머릿속에 넣어둘 필요가 있는 경우가 꽤 있겠어요. 그러고 보니 그저께 엄마가 새로 산 스마트폰을 우리 집 와이파이에 연결했는데, 비밀번호가 길어서 몇 번이고 확인하면서 겨우 입력하셨어요. 그럼 엄마는 리허설에 실패하신 걸까요? 정보가 많으면 리허설을 하는 것도 힘들겠어요. 김수한무 거북이와 두루미…… 같은 기나긴 옛날 이름 같

은 건 리허설을 한 번 하기조차 힘들잖아요. 그러면 어떻게 하나요? 기억력이 좋은 사람은 한 번에 리허설이 가능할까요?

…… 선생님　좋은 점에 착안했네요. 맞아요. 단기 저장고는 시간 제한뿐만 아니라 정보량에도 제한이 있어요.

…… 은하　아! 역시 그랬군요!

…… 선생님　그렇지만 정보량의 제한도 그다지 개인차가 없어요.

…… 은하　네? 저는 그걸로 기억력이 결정되는 줄만 알았어요……!

…… 선생님　밀러라는 사람이 쓴 「매직 넘버 7±2(Magical number seven, plus or minus two)」라는 멋진 제목의 논문을 보면 대개 어떤 사람이든, 어떤 자극이든 단기 저장고에 들어가는 양은 '7±2' 즉, 5~9 사이라는 거예요. 그 이상은 용량을 초과해서 단기 저장고에는 들어가지 않아요. 억지로 넣으면 그전에 들어갔던 것이 나와 버려요.

…… 은하　의외로 적네요……. 그럼 그 숫자의 단위는 뭐예요? 개(個)인가요?

…… 선생님　역시 은하는 예리하네요. 은하 말대로 단위가 중요해요. 여기서 단위는 '청크(chunk)'라고 하는데, 정보의 덩어리를 한 단위로 해요. 자, 은하가 보기에 다음 숫자의 나열은 몇 청크 같아요?

① 05180213

② 12180413

③ 177517891868

**은하**　네? ①과 ②는 8청크, ③은 12청크 아닌가요……? 앗, ②는 저와 세희의 생일이에요! 이 경우…… '제 생일'과 '세희 생일'이니까 2청크인가요?

**선생님**　네, 맞아요. 다른 사람에게는 ①과 ②가 8청크이지만, 은하의 경우 ②는 두 개의 의미 있는 덩어리가 될 수 있으니까 2청크예요. 이건 정말 여담인데 ①은 나와 남편의 생일이니까 나에게는 2청크죠.

**은하**　①이 특별한 숫자의 결합이라는 걸 모르는 저에게는 8청크예요……. 그런데 8청크라면 기억할 수 있을지 어떨지 아슬아슬해요. '비밀번호니까 기억해 둬라'라고 해도 ③ 같은 게 나오면 힘들 것 같아요. 보고 외우려고 리허설을 하는 사이에 앞부분을 잊어버릴 거예요.

**선생님**　맞아요. 용량을 초과한 정보는 저장고 밖으로 밀려나죠. 하지만 세계사를 좋아하는 사람에게 ③은 3청크예요.

**은하**　……? 아, 혹시 미국 독립전쟁인가요……?

**선생님**　정답이에요. 미국 독립전쟁, 프랑스혁명, 일본 메이지유신이 일어난 해를 나열했어요.

**은하** 그렇네요. 덩어리로 묶으면 기억할 수 있겠군요.

**선생님** 네, 단기 저장고에 일시적으로 보존해 두더라도 의미 있는 정보로 묶어 정리하면 많이 외울 수 있어요. 의미를 생각하지 않고 고스란히 암기해 단기 저장고에 저장하려 하면 상당한 한계가 있어서 조금밖에 기억하지 못해요. 많은 정보를 단기 저장고에 넣으려면 '의미 있게 묶어 정리하기'를 하는 게 핵심이에요.

그런데 은하는 아까 말했던 ①②③의 수열을 기억해 낼 수 있어요?

**은하** 아뇨…… ①은 할 수 없어요. 첫 숫자가 0, 다음이 5였던가? 그 정도밖에 기억이 안 나요.

**선생님** 그게 바로 단기 저장고의 한계예요. 나랑 이야기하는 사이에 시간도 흘렀고 그 외에도 다양한 이야기를 하는 동안 나온 새로운 정보에 밀려났어요.

**은하** 그래도 ②는 기억해요! 제 생일과 세희 생일의 조합이니까 12180413! 그리고 ③은 처음이 1775, 그다음이 1789, 마지막이…… 1868이었던가? 7이었나?

**선생님** 의미가 있는 정보일수록 잘 기억할 수 있다는 걸 이제 알겠죠?

# 기억의 구조 3 - '연결하라!'

····· 은하 　그렇다면 단기 저장고에 정보를 넣는 기억력이 좋은 사람이란 정보 정리를 잘하는 사람이겠네요. 즉⋯⋯ 박식한 사람일수록 기억력이 좋다⋯⋯?

　아니, 기억력이 좋으니까 박식해진다고 생각했는데, 박식해지면 기억력이 좋다는 뜻인가? 음, 그렇다면 처음부터 박식하려면 어떻게 해야 하죠?

····· 선생님 　하하하, 혼란스럽죠?

····· 은하 　웃지 말고 가르쳐 주세요! 박식해진다는 건 장기 저장고에 많은 게 들어간다는 뜻이죠? 장기 저장고는 어때요? 장기 저장고에도 여러 가지 한계가 있나요?

····· 선생님 　장기 저장고 안이 어떻게 돼 있느냐면, 그것 역시 네트워크예요. 그래서 한계가 없다고 생각할 수 있어요.

····· 은하 　와, 대단하네요. 그렇다면 어쨌든 장기 저장고로 정보를 보내면 되네요! 그럼 다 되는 거 아닌가요?

····· 선생님 　꼭 그렇지도 않아요. 단기 저장고에서 장기 저장고로 보내는 걸 '전송'이라고 하는데, 전송 방법이 잘못되면 장기 저장고에 잘 들어가지 않아 전송에 실패하거든요.

····· 은하 　보내려고 해도 보내지지 않는다는 말인가요?

선생님 ····· 네, 아까 장기 저장고 안이 네트워크로 돼 있다고 했죠? 장기 저장고에 보낸다는 것은 장기 저장고의 지식 네트워크에 새로운 정보를 연결한다는 뜻이에요. 잘 연결하지 않으면 보존할 수 없어요.

은하 ····· 네트워크에 잘 연결하는 방법으로 '전송'해야 한다는 거네요.

선생님 ····· 맞아요. 구체적으로 생각해 봅시다. 많이 외워야 할 필요가 있는 과제, 예를 들어 영어 단어 시험이 있을 때 은하는 어떤 식으로 공부해요?

은하 ····· 음, 외워야 할 단어를 카드에 적어서 학교에 가기 전이나 동아리 활동이 끝나고 돌아온 후에 조금씩 다시 보고, 그런 다음에는 철자도 외워야 하니까 세 번 정도 쓰면서······ 이런 식이에요(그림 3-5).

선생님 ····· 이건 비교적 정보를 연결하기 힘든 방법이네요.

은하 ····· 네? 나쁜 방법인가요?

선생님 ····· 나쁜 방법은 아니에요. 하지만 별로 좋지는 않아요. 우선 카드에 단어가 다 따로따로 쓰여 있고, 뜻도 하나뿐이네요. 그래서 여기서 만들 수 있는 연결은 단어와 그 뜻까지 한 세트뿐이에요. 단어 연습 노트도 마찬가지예요. 즉, 은하는 이 한 세트의 연결로 단어를 장기 저장고에 보내려고 하지만 나중에

[그림 3-5] 은하의 단어 카드와 단어 연습 노트

기억하려고 하면…….

····· 은하  세트로 연결한 단어가 생각나지 않으면 끝이네요…….

····· 선생님  맞아요. 다른 실마리가 없기 때문에 네트워크까지 도달하지 못할 가능성이 높아요.

····· 은하  음, 그래서 기억이 잘 안 났구나!

····· 선생님  정보를 잘 연결하려면, 더 다양한 연결을 만들면 좋아요. 여기서 포인트는 '정리'와 '의미 부여'예요(그림 3-6).

····· 은하  그림 3-6이 확실히 쉽다는 느낌이에요. 그림을 보면 'abroad와 foreign은 어떻게 다를까'라든가 'inter가 붙으면 사이라는 의미가 되네. interact도 act에 inter가 붙었네'라는 식으로 다른 생각도 떠올라 발상이 넓어지네요.

····· 선생님  그렇죠. inter처럼 접두사에 주목하면 또 다른 그룹을 만들 수 있고, 그 그룹에서 또 다른 연결을 만들 수 있어요. 그렇게 해서 여러 그룹으로 나누어 가면 연결이 늘어나고 머리에 떠올리기 쉬워져요. 이것이 '기억력 향상'이에요!

····· 은하  음, 정말 그렇군요……. 그런데 귀찮아요. 그냥 쓰고 외우는 게 제 성격에 맞는 것 같아요.

····· 선생님  그냥 무작정 쓰는 게 편하게 여겨지는 건 아마도 머리를 쓰지 않아도 되기 때문일 거예요. 하지만 머리를 쓰지 않

[그림 3-6] 연결을 잘하는 기억법

**1.** 정리: 그룹을 생각해서 의미, 품사 등을 모으거나 비교해 본다.

**2.** 의미 부여: ① 이미지: 단어가 표현하는 상황을 이미지로 떠올려 본다.

　　　② 이야기 만들기: 단어를 사용해 이야기를 만든다.

　　　③ 의미를 부여한다: 말놀이 등을 이용해서 기억하기 쉽게 의미를 부여한다.

---

**정리의 예**

'외국' abroad, foreign, overseas, international
⇔ 반대 의미 native, national, domestic

---

**이미지의 예**

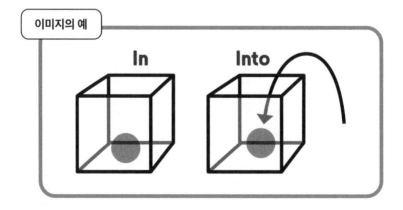

는다는 것은 연결을 만들기 어렵다는 뜻이기도 하니까, 정말로 시간을 들여 필사적으로 외웠는데도 기억나지 않는 결과가 나오기 쉽다는 단점이 있죠.

🧑 ····· 은하 　힘들지만 '기억력을 향상시키고 싶다!'라고 생각한다면 머리를 써야 한다는 뜻이네요…….

기억력은 타고난 재능 같은 것이라서 타고난 기억력이 없으면 어쩔 수 없다고 생각했는데, 머리를 쓰느냐 마느냐에 따라서 달라진다면 재능과 다른 것이군요. 그렇다면 대체 기억력은 뭘까요? 노력?

👩 ····· 선생님 　노력의 방향이라고 생각해요. 연결 고리가 없는 정보를 열심히 노력해서 외우려 해도 좀처럼 외워지지 않으니까 '아, 나는 못 외우겠어. 기억력이 없어' 하고 초조해하기 십상이지만 그럴 필요가 없어요.

🧑 ····· 은하 　어떻게 하느냐에 따라서 '기억력이 향상'되니까, 기억력이 좋아질 수 있다는 희망이 생기네요. 그리고 그림 3-6을 보면서 '영어 단어들이 이런 관계였구나' 하고 생각하는 게 꽤 재미있었어요!

👩 ····· 선생님 　힘들어하기보다 즐기는 게 좋죠. 즐겁게 기억력을 향상시킬 수 있도록 여러 가지로 생각해 봅시다.

# 기억과 독해력 - 어휘 지식의 두 가지 중요성

….. 선생님　　지금까지 우리는 기억력이란 무엇인가에 대해서 알아봤어요. 그럼 독해할 때 많은 정보를 기억하는 게 중요할까요?

….. 은하　　어휘력이 역시 중요하지 않을까요? 어휘 지식이 많고, 많은 어휘를 알고 있으면 독해력이 높아질 거예요.

….. 선생님　　그렇죠. 독해에서 중요한 두 가지 종류의 어휘에 대해 생각해 봅시다.

첫 번째는 '키워드 어휘'예요. 어떤 주제와 연관 있는 어휘를 얼마나 알고 있는가 하는 것이죠.

….. 은하　　그렇겠어요. 예를 들어 저처럼 동물에 관한 키워드를 많이 알고 있으면 동물에 관한 글을 읽고 이해하는 힘이 있다는 뜻이네요.

….. 선생님　　맞아요. 동물에 관한 은하의 '키워드 어휘'는 놀라울 정도였어요! 학교 공부에서도 수학이라면 '수직(垂直)'이라든가 '비례' 같은 용어가 '키워드 어휘'죠. 이러한 용어를 많이 알수록 읽고 이해하기 쉬워져요.

….. 은하　　그렇지만 많이 외우는 것도 힘들어요. 시험이 있으니까 외우기는 하지만…… 지금은 인터넷도 있고 그때그때 조

사하면 되지 않나 싶은데요.

🙂 ····· 선생님 　　그래요. 어떤 어휘 지식이 필요한가는 그 상황에 놓이지 않으면 알 수 없으니까 평생 도움이 되지 않는 지식도 축적할지 몰라요. 하지만 모르고 있다가 크게 손해 보는 상황을 맞닥뜨릴지도 모르지요.

　　여기서는 '검색에도 지식이 필요'하다는 게 중요해요.

🙂 ····· 은하 　　네? 검색창에 키워드나 알고 싶은 단어를 치면 금방 결과가 나오잖아요.

🙂 ····· 선생님 　　그 검색 키워드는 어떻게 결정하나요?

🙂 ····· 은하 　　관계가 있을 법한 단어라든가…….

🙂 ····· 선생님 　　은하는 아기 사자를 성장시킨 후에 야생으로 돌려보낸 유명한 여성의 이름을 알고 있어요?

🙂 ····· 은하 　　조이 애덤슨이에요. 인터넷에서 찾는다면 검색어는 '사자'라든가 '야성의 엘자'가 좋을 것 같아요.

🙂 ····· 선생님 　　좀 전에 선생님이 '사자를 야생으로 돌려보낸 사람'이라는 키워드를 말했을 때 답한 '야성의 엘자'는 은하의 지식으로 보충한 부분이에요. '사자'나 '야생으로 돌려보내다'로 검색하면 몇 가지 후보 중에 '야성의 엘자'가 나오니까 그것을 읽어 보면 정답을 맞힐 수 있겠죠. 하지만 '야성의 엘자'를 이미 안다면 더 빨리 정답을 찾을 수 있어요.

🧑 ····· 은하　　　하긴 미리 알고 있으면 빠르겠네요. 그래도 별 차이가 없지 않을까요? 결국 답을 찾을 테니까요.

🧑 ····· 선생님　　그렇다면 은하, 인간이 야생동물과 그들을 보호하려고 노력했지만 잘되지 않은 예 중에 생각나는 게 있어요?

🧑 ····· 은하　　　그리즐리 맨이라는 사람이 유명해요.

🧑 ····· 선생님　　〈그리즐리 맨〉은 미국에서 그리즐리 곰 보호 활동을 했던 티머시 트레드웰이라는 사람을 다룬 다큐멘터리 영화죠. 그렇다면 선생님이 낸 키워드로 은하가 제시한 답 '그리즐리 맨'을 검색해서 찾을 수 있을까요? 해 봅시다. '야생동물' '보호' '인간' '실패'로 검색해 보면…….

🧑 ····· 은하　　　안 나오네요. '곰'을 넣어 보면 어떨까요……? 안 되네요. 그러면 '곰'이 아니라 '그리즐리'로 바꿔 볼래요!

🧑 ····· 선생님　　그건 거의 정답을 알고 있는 사람의 행동이 아닐까요……?

🧑 ····· 은하　　　아, 정말 그렇네요. 그렇구나, 알고 있을 때와 모를 때는 검색할 때의 행동도 달라지는구나……. 알지 못하는 정보는 좀처럼 찾을 수 없고, 찾아낸다 해도 번거롭고 시간도 많이 걸리겠어요.

🧑 ····· 선생님　　책을 읽을 때도 똑같은 일이 일어나요. 모르는 단어나 어휘가 있다면 조사해 보면 알 수 있을 거예요. 이론적으로

는 그렇죠. 용어를 모를 때도 지금처럼 키워드를 넣어 검색하면 어딘가에서 답을 찾을 수 있으니까 이를 새로운 지식으로 삼고 읽어 나갈 수 있어요. 하지만 그렇게 하나하나 조사하기에는 시간이 많이 걸리고 힘들어요. 그러면 '독서는 귀찮아서 싫어' 하고 생각해 버리겠죠.

🗣 ····· **은하**　　　그리고 조사하는 동안에 이야기의 내용을 잊어버릴 것 같아요.

🗣 ····· **선생님**　　　앞서 세희하고 독해의 과정에 대해 이야기했는데요(제2장), 어휘를 알고 있는가, 용어 지식이 있는가는 독해 과정에서 보자면 처음에 해당하는 부분이면서 기초적인 수준이에요. 그러니 여기서 못 넘어가면 그다음 과정도 순조롭지 않아요. 몇 가지 중요한 단어의 뜻이나 용어를 모르면 전체를 이해하지 못할 수 있어요.

　'조사해 보면 된다'는 건 이치상으로는 맞지만, 은하도 말했듯이 조사하는 동안 관련된 다른 정보가 단기 저장고에서 밀려나거나, 그때까지 파악해 왔던 전체상(글의 표상)을 잊어버리니까 역시 글 전체의 이해를 해치기 쉽죠.

🗣 ····· **은하**　　　그렇다면 역시 세희가 말한 대로 공부하지 않으면 안 된다는…….

🗣 ····· **선생님**　　　세희는 전체상을 파악하는 틀을 가져야 한다, 톱다

운 처리를 하기 위해 지식이 필요하다고 말하고 싶었던 것 같아요(제2장 참조). 하지만 여기서 내가 은하에게 이야기한 것은 기초적인 처리를 돕기 위한 어휘 지식의 중요성이었죠. 어쨌든 알고 있는 게 읽기를 쉽게 해 주니까 공부는 중요해요!

**은하**     네에……. 그럼 선생님, 또 다른 종류의 어휘는 뭔가요?

**선생님**     또 하나는 '학습용 어휘'예요. 앞에서 이야기한 '키워드 어휘'는 특정 문맥에서 필요한 어휘 지식이었지만, 이것은 '다양한 문맥에서 새로운 말을 익히는 데 중요한 어휘' 지식이에요.

**은하**     무슨 말인지 하나도 모르겠어요.

**선생님**     학교에서 학습하기 위해 필요하지만, 일상생활에서는 거의 쓰이지 않아서 뜻을 기억할 기회가 적은 어휘를 '학습 어휘'나 '학습 언어'라고 불러요. '학습 언어'란 주로 한국어가 모국어가 아닌 사람을 위해 선정한 어휘이거나, 한국어가 모국어인 은하 같은 학생에게도 학교에서 공부하거나, 새로운 지식을 얻으려고 책을 읽을 때 중요한 어휘예요. 잠깐 예를 살펴볼까요? 표 3-1에 나오는 어휘는 초등학생 및 중학생의 학습 어휘 가운데 자주 사용되는 말들이에요.

**은하**     표에 나오는 말은 다 알겠는데요, '대개'는 '대체로'라는 의미 아닌가요……? 자신이 없네요. 그리고 '면'도 어려워요. 이런 말이 나오면 도망가고 싶어질 것 같은데…….

…… 선생님　　일상생활에서는 자주 안 쓰는 말이 많죠? 이런 어휘는 어른이나 책을 쓰는 사람이 '읽는 사람도 분명 뜻을 알고 있을 것이다'라고 생각해서 보충 설명 없이 무심코 쓰기 쉬워요. 그리고 읽는 사람도 '이런 의미일까?' 하고 추측하면서 읽는데, 그러다 오해하거나 의미를 몰라서 '더는 읽기 싫다' 하고 포기해 버릴지도 몰라요. '학습용 어휘'는 제대로 익혀 두지 않으면 앞으로 공부할 때 어려움을 겪을 수 있는 중요한 어휘 지식이에요.

**[표 3-1] 학습용 어휘의 예(バトラー後藤, 2011; 田中牧郎, 2011; 河内, 2014를 참고하여 작성)**

| 명사 | 형용사 · 부사 | 동사 |
|------|------------|------|
| 치(値), 영향, 감상, 그래프, 참조, 참고, 자세, 상태, 자료, 대화, 입장, 흐름, 물질, 부분, 면(面) | 또는, 요컨대, 대개, 나아가, 특히, 다양한, 매우, 함께 적절한, 몹시 | 응하다, 둘러싸다, 겹치다, 세다 따르다, 나타내다, 마주하다, 동반하다, 이루어지다, 서술하다, 교차하다, 완수하다, 파악하다 |

**은하** 　　사실은 의미를 제대로 모르는 학습용 어휘가 있을 것 같아요. '이런 뜻인가?' 짐작하면서 읽지만 말고 찾아보는 게 좋을까요? 선생님께도 여쭤보고요. 이런 기본적인 단어도 모르냐고 핀잔을 들을지도 모르지만…….

**선생님** 　　괜찮아요. 설명은 선생님의 중요한 일인 걸요. 선생님들도 의외로 '이런 말이 까다롭구나' 하면서 그 말을 알지 못하는 경우도 있을 테니까 주저하지 말고 물어보세요. 선생님들도 어려움을 알게 해 주자고요!

**은하의 노트**

◎ 지식은 네트워크 구조다. 서랍에 들어차 있는 게 아니다. 연결된 정보는 연상으로 떠올릴 수 있지만 연결되지 않은 정보는 머리에 있어도 떠올리지 못한다.

◎ 연결된 지식을 만들려면 '정리'와 '의미 부여'가 중요하다. 단순 반복은 연결을 만들기 힘들기에 그 순간만 기억하기 쉽다.

◎ 읽을 때 단어를 모르면 전체의 이해를 방해받는다. '키워드 어휘'와 '학습용 어휘' 모두를 익히자.

# 제4장
# 왜 잊어버릴까?

## 잊어버리는 이유 1 - 전송 실패

**은하** 선생님, 어젯밤 내내 생각해 봤는데요, 기억에 대해서 이해할 수 없는 부분이 있어요!

**선생님** 어떤 부분인데요?

**은하** 장기 저장고에 보내면 '사라지지 않으니까' 제대로 전송하면 잊어버리지 않는다는 거잖아요.

**선생님** 네, 기본적으로는 그렇죠.

**은하** 그렇다면 '전에는 잘 기억했는데 좀처럼 생각이 안 난다'는 현상이 일어나는 게 이상해요. 예를 들어 중간고사 전날에 열심히 공부해서 영어 단어를 외우고 시험을 칠 때는 제대로 기억했지만 기말고사 때는 내용이 전혀 떠오르지 않는 경우가 있잖아요. 그리고 과제로 읽은 책의 내용도 '다 이해했다'고 생각했는데 대강만 기억나기도 하고요. 영어 단어도, 책 내용도 꽤 오랫동안 기억했으니까 단기 저장고가 아니라 장기 저장고에 제대로 들어갔다는 뜻이 아닌가요? 그런데 왜 기억이 안 날까요?

····· 선생님　그렇죠. 시간이 흐르면 생각나지 않는다는 건 19세기 연구에서도 제시해요.

····· 은하　네? 19세기요? 그럼 100년도 훨씬 넘은 옛날이잖아요!

····· 선생님　네, 에빙하우스라는 사람의 연구(Ebbinghaus, 1885)에서 자기 자신이 피험자가 됐어요. 자기 자신을 실험 대상으로 했다는 부분이 19세기다운데, 지금도 결과가 그대로 재현되는 놀라운 연구예요.

····· 은하　잊어버리는 것에 대한 연구인가요?

····· 선생님　네, 아까 은하가 이야기한 예처럼 시험을 치려고 영어 단어를 외우는 상황과 비슷해요. 에빙하우스는 우선 알파벳 세 개를 한 세트로 하는 '가짜 단어'를 많이 만들었어요. 이것을 우선 열심히 외웠죠.

····· **은하**　　　가짜 단어라면 다른 것과 전혀 연결되는 부분이 없다는 말이네요. 연결이 없는 어휘는 외우기 힘드니까 에빙하우스가 힘들었겠어요.

····· **선생님**　　　그랬겠죠. 선생님도 별로 하고 싶지 않네요······.

그렇게 해서 완벽하게 외운 다음, 시간을 좀 둔 다음에 '다시 한번 완벽하게 외우는 데 걸리는 시간'을 기록했어요. 이것을 처음 다 외운 때에서 다음에 다시 외울 때까지의 시간에 여러 가지로 변화를 주면서 반복했어요.

····· **은하**　　　외운 직후라면 거의 전부 기억할 테니까 생각나지 않는 단어 몇 가지만 확인하면 다 기억해 낼 것 같아요. 그렇지만 하루 정도 지나고 나면 힘들겠죠.

····· **선생님**　　　은하의 직감이 거의 정확해요. 에빙하우스는 다시 외우는 데 걸린 시간과 처음 외우는 데 걸린 시간의 비(比)를 '절약률'이라고 계산했어요. 처음보다 더 짧은 시간에 다 외운 경우는 절약률이 높고, 처음 외웠을 때와 비슷한 시간이 걸릴수록 절약률이 낮죠. 그래프로 그려보면 다음과 같아요(그림 4-1).

····· **은하**　　　처음 외웠을 때부터 가파르게 절약률이 떨어지네요. 그럼 이건 기억한 건 한꺼번에 잊어버리기 쉽다는 뜻이네요······. 우울해요.

그런데 에빙하우스는 외웠던 걸 전부 제대로 장기 저장고에

[그림 4-1] 에빙하우스의 망각 곡선(Ebbinghaus, 1885를 바탕으로 작성)

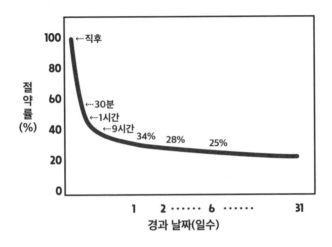

넣었을까요? 의심스럽지 않아요? 외운 직후에는 전부 기억했을지 모르지만, 그중 일부는 장기 저장고에 제대로 들어가지 않았을지도 몰라요. 30분 후에 잊어버린 것 가운데 몇 가지는 단기 저장고에서 장기 저장고로 전송되지 못했을 가능성은 없나요?

····· 선생님 　그렇네요. 장기 저장고에 보내는 '전송 실패'가 '잊어버리는' 원인 가운데 하나예요. 이 경우에는 기억했다고 생각했는데 애초에 전송에 실패해서 장기 저장고에 들어가지 않았다, 그래서 기억해 내지 못했다는 뜻이죠.

처음에 설명했듯이 에빙하우스가 사용한 것은 의미 없는 가짜 단어였으니까 장기 저장고에 보내기 위한 연결성이 극히 부족했던 상황이라고 할 수 있어요. 그래서 장기 저장고로 보내는 데 실패할 때도 많았던 듯해요.

## 잊어버리는 이유 2 - 연결 실패

**은하**     음, 그래도 이유가 그것만은 아닐 거예요. 애초에 단기 저장고에 그렇게 많이 들어갈 리 없고, 그 뒤에도 계속 잊어버릴 거예요. 한 시간 후에는 기억했지만 하루가 지났을 때 까먹는 경우도 있을 테고요. 대체 왜 그럴까요?

**선생님**     그래요. 사람이 '잊어버리는' 유형 가운데 첫 번째는 '연결이 끊기는' 것이라고 할 수 있어요.

**은하**     선생님이 말씀하시는 '연결'은 길을 만드는 것과 비슷한 느낌이네요. 장기 저장고로 전송하려면 길이 만들어져야 하는데, 연결하는 길이 없으니까 기억하지 못하는 거였죠?

**선생님**     길이라니, 참 좋은 비유네요. 길이 만들어지지 못하니까 애초에 장기 저장고로 갈 수 없을 뿐만 아니라 한 번 만들었더라도 그 길을 찾을 수 없는 경우를 '잊었다'고 하죠.

은하　　　길을 만들었는데도요? 어째서요?

선생님　　길을 찾지 못하는 경우는 크게 두 가지로 나눌 수 있어요. 길에 비유하자면 '길을 잃었다' '방해하는 요소가 있다'라는 두 가지예요.

우선 첫 번째부터 설명할게요.

음……, 갑자기 다른 이야기를 해서 미안한데, 그 사람의 이름이 뭐였죠? 전에 말했던, 사자를 키운 후 야생으로 돌려보내서 유명해진 사람이요……. 영화로도 만들어졌던 그…….

은하　　　네? 갑자기 그 사람은 왜요? 조이 애덤슨이에요.

선생님　　맞아요. 조이 애덤슨이었죠……!

바로 이런 경험을 해 본 적 없나요?

은하　　　아, 그래서 이런 예를 드셨군요! 네, 있어요. 잊어버렸다 싶었지만 누군가 정답을 말하면 '맞아! 바로 그거야!'라면서 알게 되는 경우가 종종 있어요. 얼마 전에도 시험을 본 뒤에 "'초대하다'가 영어로 뭐였더라? 잊어버렸어!" 하고 친구에게 말했더니 "invite 아냐?"라고 대답하더라고요. 그 순간 "아! 그래, 맞아! invite였지! 생각이 안 났어" 했던 경험이 있어요. 기껏 외웠는데 잊어버리면 속상해요.

선생님　　이렇듯 잊은 줄 알았는데, 누군가 답을 말해 줘서 알아채는 경우가 있죠. 그런데 잊었다고 여겼던 정보가 기억의 장기 저장고에서 사라진 걸까요? 만약 사라졌다면 친구가 말한 단어가 '정답'이라는 건 어떻게 알았을까요?

🧑 ····· 은하　아하, 그렇구나. 정말로 머릿속에서 사라졌다면 분명 정답을 들어도 알지 못했겠네요…….

🧑 ····· 선생님　생각해 내지 못하는 원인의 하나가 그런 식으로 '머릿속에 남아 있는 정보에 다가갈 길을 찾을 수 없는' 상태라고 볼 수 있어요. 이를 '검색 실패'라고 불러요.

🧑 ····· 은하　그렇군요. 그 정보에 연결할 길이 있지만 입구를 못 찾는 경우와 비슷한가요?

🧑 ····· 선생님　네, 입구를 '검색 실마리'라고 해요. 다른 비유를 들자면, 인터넷에서 검색하려고 할 때 검색 키워드를 찾지 못하는 상황과 비슷해요.

🧑 ····· 은하　그렇다면 두 번째로 방해되는 요소는 어떤 것이 있나요?

🧑 ····· 선생님　'더 적합해 보이는 길'이 있어서 정말로 가야 할 길이 어느 쪽인지 알지 못하는 상태를 말해요. 이를 다른 정보에 의한 '간섭'이라고 불러요. 이것도 고전적인 연구인데, 젠킨스와 달렌바흐의 실험(Jenkins&Dallenbach, 1924)이 유명해요. 이 실험에서는 단어를 암기하게 한 뒤 잠들었던 사람과 평범하게 생활한 사람 중 누가 시험에서 그 단어를 더 잘 떠올렸는가를 비교

했어요. 그러자 암기한 뒤에 잠든 사람 쪽이 더 많은 단어를 기억했어요. 깨어 있던 사람은 그 뒤 여러 가지 활동을 했기 때문에 무언가를 떠올리려고 할 때 어느 길로 가야 할지 알 수 없었다고 볼 수 있죠.

은하 그리고 보니 세희와 배우 이야기를 하는데 아무리 생각해도 이름이 생각나지 않는 사람이 있었어요. "아예 엉뚱한 사람 이름만 떠오르고 생각이 안 나!" 하면서 크게 웃었어요. 이 경우도 다른 배우의 이름이 방해 요소가 된 거죠?

선생님 그런 경우가 있죠. 입구를 모르거나, 다른 요소가 방해해서 길을 알 수 없는 경우에 누군가 '이 길 같은데요?'라고 가르쳐 주면 그 길로 가서 장기 저장고 안의 정보에 도달할 수 있죠. 그러면 '아, 그랬지' 하고 '기억해 내는' 거예요.

은하 장기 저장고에서 사라진 것이 아니라 거기에 있지만 그곳까지 도달하기 위한 연결이 일시적으로 없어지는 경우가 '잊어버린다'는 것이로군요.


## 잊어버리는 이유 3 - 다시 만들기

선생님 '잊어버리는' 또 한 가지 이유는, 처음에 은하가 든

예 가운데 '읽고 이해했다고 생각했는데 잊는' 경우에 해당하는 '다시 만들기'예요. 전문적인 용어로는 '재구성'이라고 하죠. 정리돼 있는 정보를 머리에 넣으려고 할 때, 우리는 어떤 구조로 돼 있는가를 분석해서 이를 머릿속에 다시 표상하려고 해요. 바꾸어 말하자면 제각각인 정보가 어떤 식으로 연결돼 있는가를 생각해서 머릿속에서 다시 연결을 만들려고 하는 거죠. 이때 누락되는 정보가 있는데, 이것이 '잊어버린 정보'예요.

처음에 은하가 말했던 '책을 읽고 다 기억한 줄 알았는데 잊어버렸다'고 했을 때 '잊었다'는 건 전부 까먹었다는 뜻이 아니죠?

**…… 은하**　　네……. 줄거리라고 해야 하나, 무엇에 대해 쓰였던가는 기억해요. 그리고 감명을 받았던 부분이라든가, 중심 내용과는 관계가 없을지 모르지만 제가 생각했던 것과 달랐던 부분은 잊지 않았어요.

**…… 선생님**　　거꾸로 따져보자면 상세한 정보나 잘 이해하지 못했던 부분, 인상에 남지 않은 부분은 잊어버렸다는 뜻이네요.

**…… 은하**　　네.

**…… 선생님**　　즉, 내 지식과 이해로 만든 길이 바뀌고 있고, 길이 있는 곳은 기억하고 잊지 않는다는 뜻이에요.

이것도 오래된 연구(Bartlett, 1932)인데요, 바틀릿이라는 사람이 실험 참가자들에게 이야기를 기억하고 나중에 떠올리게 했는데, 은하처럼 자세한 부분은 잊었고 앞뒤가 맞지 않는 부분은 잊든가 아니면 앞뒤가 맞도록 이야기를 바꾼다는 사실을 알아냈어요.

🗨 ····· 은하     네? 잊을 뿐만 아니라 바꾼다고요? 그러면 안 되잖아요.

🗨 ····· 선생님     그 사람들도 '앞뒤가 맞지 않네. 좋아, 바꿔야겠다' 하고 일부러 바꾼 게 아니에요. 우리가 긴 이야기를 기억하려고 할 때, 내가 가진 지식이나 정보의 구조를 생각해서 중요해 보이는 부분을 우선시한다든가 연결이 되도록 하는 구조를 몸에 갖고 있다는 뜻이죠.

🗨 ····· 은하     그럼 저도 모르게 요약한다는 뜻인가요? 그건 이야기에만 해당되나요? 설명문은요?

🗨 ····· 선생님     의미 있게 짜인 글을 이해하려 하는 경우니까 물론 설명문에서도 그런 일이 일어나요.

예를 들어 쓰레기를 줄이기 위한 처리나 활용 방안에 대해 서술한 설명문의 경우, 문장 전체의 구조를 그림 4-2처럼 나타낼 수 있어요. 구체적인 정보나 상세한 정보 하나하나는 '미크로 명제'라고 불러요. 그림에서는 P로 나타냈어요. '미크로 명제'를 하나로 정리하거나 추상화한 것이 '매크로 명제'로서 그림에서

**[그림 4-2] 매크로 명제와 미크로 명제(M은 매크로 명제, P는 미크로 명제를 나타낸다)**

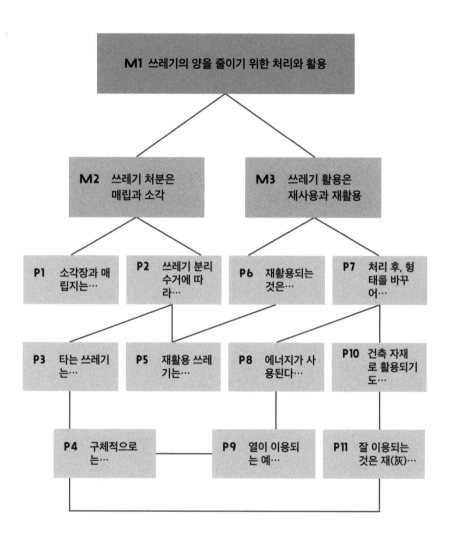

는 M으로 적었어요.

은하      뭐가 뭔지 하나도 모르겠어요.

선생님      딱 잘라서 이야기하네요…….

우선 명제란, 글에서 표현되는 의미 하나하나를 가리킨다고 했죠(자세한 내용은 제2장). P로 나타낸 미크로 명제는 각 문장에 나오는 개별 주제에 관해 설명하는 명제예요.

은하      예를 들어 P1은 소각장에 대해 서술하는 부분을 나타내고, P4는 타는 쓰레기 처리 방법을 구체적으로 설명하는 부분이라고 생각하면 되나요?

선생님      맞아요. 각각이 다른 명제와 관련이 있고, 하나의 주제에 대해 설명하고 있어서 P와 P가 연결돼 있는 건 알겠죠?

은하      아, 그래서 P4와 P9, P11 사이에도 선이 그어져 있었구나. 이건 쓰레기를 태울 때 나오는 열이나 재가 이용된다는 사실과 연결되네요.

위쪽에 쓰인 M은 무엇을 뜻하나요?

선생님      매크로의 M이에요. 이 명제는 P로 표시한 미크로 명제를 정리한 내용으로도 볼 수 있어요. 매크로 명제가 글 안에 분명히 쓰일 때도 있지만, 보는 사람이 쓰이지 않은 부분을 보충해서 전체상을 이해할 때도 있어요.

은하      아, 원래의 글에는 없는 정보를 자기 마음대로 더하는 것이죠? 그게 '자기도 모르게 내용을 바꾼다'는 뜻인가요?

 ····· 선생님 　그 말대로예요. 쓰인 내용을 그대로 복사하듯이 기억하는 게 아니라 글 전체의 구조를 읽어서 없던 정보를 보강하여 기억하기도 하죠.

글을 읽고 난 다음에 기억에 남기 쉬운 것은 미크로 명제가 아니라 매크로 명제예요. 그래서 자세한 사항은 잊어버려도 '이런 내용이었지' '요약하자면 이렇지' 하고 기억하는 거예요.

각각의 상세한 내용은 내 지식이나 다른 정보와 연결하는 게 제한적이지만, 보다 일반적인 내용은 많은 정보와 연결할 수 있어요. 매크로 명제가 기억에 남기 쉬운 이유는 다른 정보와 연결하기 쉬워서라고 이해할 수 있어요.

 ····· 은하 　음, 그러면 잊어버려도 어쩔 수 없고, 중요한 매크로 명제만 기억나면 그만이라는 생각이 드네요.

 ····· 선생님 　은하의 말대로, 상세한 정보까지 모두 기억하기란 어렵고 그다지 중요하지 않은 일 같아요. 설명문에서 드는 구체적인 예를 잊어버려도, 결국 어떤 이야기였는가를 기억한다면 글을 이해한다고 할 수 있어요. 또한 결국 어떤 이야기였는가를 잊지 않으면 스스로 다른 구체적인 예를 생각할 수도 있어요. 글의 구조를 잘 파악해서 매크로 명제를 제대로 기억해 두도록 의식하는 게 좋죠.

# 잊어버리지 않는 방법

**은하**  기왕 이런 이야기를 나누고 있으니까 잊지 않는 방법도 알고 싶어요.

**선생님**  그렇겠죠. 우선 정보를 연결하는 '길'이라고 했던 은하의 비유를 사용하여 생각해 봅시다. 길을 일시적으로 잃는 경우뿐만 아니라 길 자체가 무너지는 상태도 있어요. 기본적으로 정보와 정보 사이를 잇는 길은 시간이 지날수록 무너지기 쉽다고 생각하세요.

**은하**  왠지 깊은 산속 마을을 잇는 산길 같아요. 옛날에는 모두 다닌 길이었는데 지금은 사람이 다니지 않으면서 희미해져 버린 듯한 느낌이랄까요.

**선생님**  원래부터 좁은 산길은 사람의 손길이 닿지 않으면 곧 다닐 수 없는 상태가 되겠죠. 하지만 무척 넓게 제대로 지어진 길이라면 어떨까요?

**은하**  잠시 동안 방치해도 다닐 수 있을 거예요.

**선생님**  다시 말해서 금세 잊어버리지 않으려면 넓게 제대로 지은 길, 즉 강한 연결을 만드는 게 중요하다는 뜻이에요.

**은하**  한 바퀴 돌아서 다시 처음에 이야기했던 '기억할 때는 연결이 중요하다'로 돌아왔네요…….

**선생님** ⋯⋯ 네. 잊는 원인이 연결에 있다면, 잊지 않기 위해서 연결하면 돼요. 길에 비유해 말하자면 '가급적 제대로 지은 길' '강한 연결'을 만드는 게 중요하죠. 그런 의미에서 에빙하우스의 실험 재료는 길을 만들기가 좀 어려워요.

**은하** ⋯⋯ 의미가 없는 가짜 단어니까요.

**선생님** ⋯⋯ 의미가 있는 실험 재료를 가지고 같은 실험을 해 보면, 망각 곡선의 커브가 완만해져요. 에빙하우스의 원래 실험 재료와 달리 연결이 만들어지면 잊는 속도도 느려져요.

　하지만 좀처럼 강한 연결을 만들지 못하는 경우도 있겠죠. 그럴 때는 어떻게 해야 좋을까요? 포기하는 수밖에 없을까요?

**은하** ⋯⋯ 음, 길에 비유해 생각해 보면 그 길을 계속 다듬어 나가는 게 좋지 않을까요? 연결을 다듬는다는 건 이상한가요?

**선생님** ⋯⋯ 이상하지 않아요. 오히려 은하의 말이 정답이에요. 산속의 짐승이 다니는 좁은 길이라도 늘 지나다니면 그 길은 다닐 수 있는 상태가 유지되죠. 마찬가지로 종종 그 길을 다니면 돼요.

**은하** ⋯⋯ 길에 대한 비유로는 알겠는데요, 연결은 어떻게 해야 할지 잘 모르겠어요.

**선생님** ⋯⋯ 그 정보를 떠올릴 기회를 많이 만드는 것을 뜻해요.
　처음에 소개한 에빙하우스는 한 번 기억했다가 잊어버린 가짜 단어 외우기를 반복하는 실험도 했어요. 그때의 절약률을 나타낸 게 다음 그림(그림 4-3)이에요.

**⋯⋯ 은하**　음, 절약률이 50퍼센트 정도가 되는 순간이 1회차에서 몇 시간 지난 시점이네요. 그래서 한 번 완벽해질 때까지 다시 외우고 또 잊어버렸을 때 다시 외우고⋯⋯. 이걸 반복하는 거네요.

응? 다시 외우기 1회차 이후의 망각 곡선은 기울기가 완만해지네요. 제가 잘못 해석했나요, 선생님?

**⋯⋯ 선생님**　아니에요. 반복해서 다시 외우면 망각 곡선의 커브가 완만해진다, 즉 잊어버리는 속도가 느려져요.

**⋯⋯ 은하**　말하자면 영어 단어 외우기 연습도 몇 번씩 하면 잘 잊지 않게 되는 것과 똑같겠네요. 다시 길에 비유하자면 길을 반복해서 밟아 다지는 거예요. 밟아 다지면 그만큼 길이 단단해지니까 '연결이 끊기기' 어렵겠네요.

학교 선생님이 '계속 연습하세요'라고 말씀하시는 것도 그런 뜻인가요?

**⋯⋯ 선생님**　그렇죠. 하지만 단순히 반복 연습을 하기보다 떠올리는 연습을 하는 것도 중요해요.

**⋯⋯ 은하**　단순히 연습을 반복하는 게 아니라 기억할 수 있는지 시험해 보는 게 중요하다는 뜻인가요?

**[그림 4-3] 다시 외우기를 했을 때의 망각 곡선**

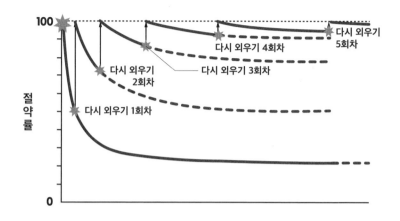

맞아요. 머릿속으로 떠올리는 연습을 한다는 것은 길이 잘 만들어졌는지를 확인하는 일이에요. 확인하지 않고 연습만 하면 길이 제대로 만들어지지 않기도 하거든요. 연결을 만들지 않고 단순 연습만 하면 기껏 길을 다져 놓은 효과가 줄어들겠죠.

···· 은하    책의 내용을 기억하려 할 때도 마찬가지인가요? 아, '구조'를 생각하는 게 좋은가요⋯⋯?

···· 선생님    맞아요. 몇 번씩 반복해서 읽거나 마음에 드는 구절, 혹은 가슴에 와닿는 문장이 있을 때는 연결이 만들어져서 그 문장 그대로 장기 저장고에 전송될 거예요. 하지만 기본적으로

는 긴 글을 복사하듯이 암기하려 들지 말고 '즉, 무엇을 말하고 싶은 글인가?'를 생각하며 읽고 매크로 명제를 기억하려 하는 편이 좋아요.

🧑 ····· 은하   그러고 보니 세희는 읽은 책의 내용을 꽤 자세한 부분까지 기억해서 대단하다, 잘도 안 잊네 하고 감탄했어요. 세희는 같은 책을 곧잘 반복해 읽고서 "내 말 좀 들어 봐!" 하면서 내용을 설명해 주거든요. 그게 그렇게 즐거운가 했는데, 반복해 읽고 떠올리면서 매크로 명제뿐 아니라 미크로 명제도 기억한 게 아닐까 싶어요. 그리고 세희는 감동을 잘하니까 그런 감명이 확실한 연결을 만들었는지도 몰라요.

👩 ····· 선생님   은하도 동물에 관한 책의 내용이라면 상당히 자세하게 기억하잖아요.

🧑 ····· 은하   그야 그렇죠! 동물에 관한 내용이라면 제 머릿속에서도 연결이 많이 돼 있고 반복해도 힘들지 않아요!

👩 ····· 선생님   결국 잊지 않는 것은 그 사람에게 중요하거나 의미가 있어서 연결이 만들어지는 정보예요. 새로 공부한 내용이라면 중요하더라도 연결이 쉽게 만들어지지 않으니까 처음에는 노력하지 않으면 까먹고 말아요. 꾸준히 노력해서 잊어버리지 않도록 해야죠.

은하의 노트

◎ 연결이 만들어지지 않으면 장기 저장고에 보내는 데 실패하기 때문에 '잊는다'기보다 '기억하지 못하는' 것이다. 의미를 잘 생각해서 연결을 만드는 게 중요하다.

◎ 장기 저장고에 보냈더라도 연결을 찾을 수 없으면 떠오르지 않는다. 반복해 기억해 내는 연습을 하면 연결을 찾을 수 있다!

◎ 글을 복사하듯이 외울 수는 없다. 더 일반적인 내용이나 그 정보의 요약(매크로 명제)은 잊기 어려워도 자세한 정보(미크로 명제)는 쉽게 잊는다. 구조를 파악해서 매크로 명제를 잊지 않도록 하자.

# PART · 2

# 독해력을
# 높이자

## 제5장
## 독해력을 향상하려면
## '책을 많이 읽어야' 할까?

### 독서가 독해력을 향상할까?

····· **윤수**　아, 이번에는 제가 상담을 받을 차례네요. 상담이라
기보다 질문이지만요. 저는 전에도 이과 쪽이 잘 맞는 편이라고
말씀드렸는데, 수학은 그럭저럭하는데 국어 성적이 별로 좋지
않아요. 지금까지의 이야기를 들어 보니까 제 상황이 그다지 좋
지 않다는 기분도 들어요. 학교 선생님은 곧잘 '책을 읽으면 독
해력이 향상한다'고 하시는데 결국 '많은 책을 읽는' 수밖에 없
을까요? 원래 책 읽는 걸 좋아하지 않아서 많이 읽으라는 말을
들으면 부담스럽다는 생각부터 들어요.

🙂 ····· 선생님　　그렇군요. 분명 책을 많이 읽는 게 '독해력'으로 이어질 것 같죠? '독서백편의자현(讀書百遍義自見)'이라는 말을 알고 있나요? '모르는 책일지라도 거듭해 읽는 사이에 알게 된다'는 뜻이에요. 보통 모른다고 생각하면 읽기를 쉽게 그만두죠.

🙂 ····· 윤수　　맞아요! 잘 모르겠다 싶어서 선생님에게 물었는데 '읽고 또 읽어 봐라'라는 말을 들었을 때 정말 절망했어요.

🙂 ····· 선생님　　정말 실망했겠네요…….

사실 여러 가지 조사가 있는데, '읽은 책의 양'과 '독해 시험 성적'은 그다지 분명한 관계가 있지 않아요. '책을 읽을수록 독해력이 높아진다'는 주장은 다소 과하다 할까요? '이론적으로 보면 책을 읽을수록 독해력이 높아지겠지만, 그저 많이 읽으면 좋다고 할 만큼 간단한 일이 아니다'라고 해야 할 것 같네요. 그런데 왜 책을 많이 읽으면 독해력이 높아진다고 생각할까요?

🙂 ····· 윤수　　음, 예를 들면 어휘력이 풍부해진다고 하잖아요. 역시 어휘력이 있는 편이 독해력에 좋지 않을까요?

🙂 ····· 선생님　　물론 어휘력이 풍부한 편이 유리하죠. 세희(제2장)랑 은하(제3장)하고 이야기를 나눴지만, 뜻을 모르는 말이 있으면 글을 읽고 이해하는 걸 크게 방해해요. 그래서 언어 지식이 중요하죠. 하지만 어휘력이 책으로만 향상하는 건 아니에요. 가까운 어른의 대화를 듣고서 새로운 말을 배우는 경우도 있고, 학

교에서 선생님이 가르쳐 줄 수도 있죠. 또한 어떤 책을 읽는가에 따라 익히는 어휘도 달라지니까 논리적인 문장을 읽는다고 해서 꼭 도움이 되는 말의 지식이 늘어나는 건 아닐 거예요. 이렇게 보면 책 읽기의 단독 효과만 있다고 보기 어렵죠. 어휘력이 풍부해지는 건 좋은 일이지만 독서만으로 어휘력이 느는 건 아니에요. '그렇게 간단한 관계가 아니다'라는 말은 이런 뜻이에요.

**윤수** ····· 그렇다면 책 읽기에는 의미가 없다는 뜻인가요?

**선생님** ····· 아니요······. 그렇다고 할 수는 없어요.

**윤수** ····· 대체 어느 쪽이 맞는 건가요?

**선생님** ····· 구체적인 자료를 가지고 설명할게요. 독서와 독해 시험 성적에 관해 경제협력개발기구(OECD)의 유명한 연구 결과가 있어요. OECD는 3년에 한 번 '국제 학업 성취도 평가'라는 조사를 세계 각국에서 실시해서 그 결과를 바탕으로 여러 가지 조사 연구를 해요. 이 조사는 통칭 '피사(PISA)'라고 하는데, 신문 등에도 보도되니까 들어 본 사람도 있을 거예요.

그런데 OECD의 2011년 보고서에서는 '독서'와 '독해력'이 관련 있다는 사실이 제시됐어요. 응? 아까와 이야기가 다르잖아 하고 생각했나요? 중요한 건 OECD의 조사에서는 '독서'를 단순히 '읽은 책의 양'이 아니라 '즐거움을 위해 얼마나 책을 읽는가' '독서에 대한 태도' '읽는 책의 종류'를 종합적으로 평가해서 '독서에 대한 열중도'로 파악해요. '독서에 대한 열중도'가 높은 사람일수록 피사의 독해력 테스트에서 성적이 좋았어요. '그저 많이 읽으면 좋다고 할 만큼 간단한 일이 아니다'라고 말하는 이유는 독서의 양뿐만 아니라 '어떤 책을 어떤 식으로 읽는가' 라는 독서의 질도 관련돼 있기 때문이에요.

윤수  '즐거움을 위해'라는 점이 중요하다면, 읽고 싶지 않은 책을 억지로 '독해력을 길러야 하니까!'라며 읽어도 아무런 의미가 없겠네요. 아, 뭔지 알 것 같아요…….

그런데 지금 단계에서 '즐거움을 위해' 책을 읽지 못한다 면…… 포기해야 할까요? 그건 너무 안타까워요…….

선생님  그래요. 이런 조사를 보고 '아이들에게 읽기의 즐거 움을 전달하려면 어떻게 해야 좋을까'에 관해 학교 선생님들 이 열심히 고민한다면 그 방향성 자체는 옳아요. 그렇지만 그게 '아침 독서 시간'으로 이어진다면…….

윤수  싫어요. 그건 즐겁지 않아요…….

선생님  독서는 분명 중요하지만, 독서가 즐겁다는 마음이나 독서를 좋아하는 태도를 기르려면 시간이 매우 많이 걸리기도 해요.

윤수  이쯤에서 조기교육이 나올 차례인가요? 유치원 때부터 읽기 연습을 많이 하자! 이런 식으로요.

👩 ····· 선생님    그다지 흥미가 없는데도 유아에게 글자 읽는 연습을 억지로 시키는 것도 독해력에 그다지 도움이 되지 않아요. '책을 읽는 즐거움을 아직 깨닫지 못한 어린이'에게 억지로 읽기를 강요하면 괴로움이 될 가능성이 있으니까 읽히려는 사람의 의도와는 달리 '책을 싫어하게' 될 수도 있죠. 유소년기부터 '책이 좋다'라는 마음을 소중히 하는 것, 좋아하는 책을 좋아하는 사람과 함께 즐기는 경험을 하는 것 등이 읽기의 즐거움을 가르쳐 준다고 생각해요. 그래서 소리 내어 읽어 준다든가, 어른과 책을 즐기는 경험이 도움이 되겠지요…….

👨 ····· 윤수    결국 '즐거워하는' 마음이 중요하네요. 그렇다면 지금 이 나이에 독서가 싫은 저 같은 사람은 어떻게 하면 좋을까요? 이미 너무 늦은 게 아닐까요?

👩 ····· 선생님    '책을 읽는 게 즐겁다는 느낌이 (적어도 지금은) 뭔지 잘 모르겠지만, 독해력이 필요하니까 기르고 싶다'는 경우에는 어떻게 하는지가 중요한 문제죠. 아까도 계속 말했지만 '그저 억지로 읽는 것'이 독해력을 향상하느냐? 그건 좀 애매해요.

그렇다고 포기해서는 안 돼요. 독해력을 향상하는 방법은 분명 있으니까요. '책을 많이 읽는 것'이 아닌 방법으로 독해력을 기르려면, 글을 읽고 이해하게 되면서 더 알고 싶어지고 그러다 책을 다시 찾는 경로로 독해력을 높이는 방법을 살펴봅시다(그림 5-1).

## 읽고 이해하기 위한 '머리 쓰는 법' - 읽기 전략

●····· 윤수    갑자기 철봉이 생각났어요. 초등학교 3학년 때까지 철봉이 싫었는데 선생님이 같이 연습해 주셨거든요. 게다가 '잔말 말고 계속 연습해!'라고 하시지 않고 받침대를 갖다 주거나 수건을 사용해서 거꾸로 오르기를 가르쳐 주셔서 할 수 있게 됐어요. 그후 철봉이 재미있어졌어요. 철봉을 좋아해서 하게 된 게 아니라, 할 수 있어서 좋아진 거죠. 순서가 거꾸로 됐지만 이런 식이죠?

●····· 선생님    네, 윤수의 경험대로예요! 바로 그 철봉 연습이에요! '잔말 말고 연습이나 해'라는 말은 별로 효과가 없고 어떤 방법으로 하느냐가 중요하다는 점도 똑같아요.

읽고 이해하는 것도 그저 무턱대고 읽기만 해서는 소용없어요. 이는 제2장에서도 이야기한 사실인데, 독해=읽고 이해하기 위해서는 말과 말의 연결(명제)을 스스로 만들어야만 해요. 간단한 내용이나 알고 있는 내용은 그다지 머리를 쓰지 않아도

[그림 5-1] 독해력을 기르는 두 가지 접근법

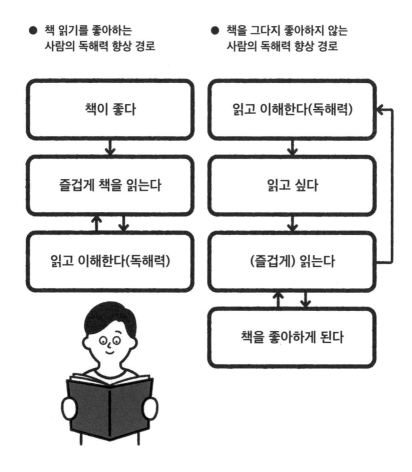

'저절로' 연결되지만 '지식을 늘리기 위해서'라든가 '모르는 것을 배우기 위해서' 읽는 경우에는 자신에게 어려운 내용을 읽어야 하니까 머리를 써서 열심히 읽어야 연결할 수 있어요.

따라서 '읽는 법'을 익히는 것이 중요해요. 심리학에서는 읽고 이해하기 위해 의도적으로 하는 행동이나 생각을 '전략'이라고 불러요. 이는 영어 Strategy의 번역어예요. Strategy는 '작전'이라든가 '방략'이라는 의미가 있으니까 '읽는 방법'을 아는 게 중요하다는 뜻이죠. 전략을 가지고 읽으면 내용을 잘 이해하게 되고, 이해하면 재미있게 읽게 된다는 의미예요.

**윤수** 즐기지 못해도 읽고 이해하면 즐거워진다는 걸 목표로 삼자는 거네요!

**선생님** 앞서 '독서백편의자현'이라는 말을 했는데요, 이 말도 '그저 반복적으로 백 번 읽기만 하면 된다'는 뜻이 아니라, 열심히 읽으면 이해하게 된다는 뜻이라고 생각해요. 열심히 읽는다는 건 여러 가지 방법을 사용해서 읽으라는 뜻이 아닐까요?

**윤수** 그렇구나……. 그런데 그게 쉽게 될까요?

**선생님** 사실 독해 전략의 효과에 대한 많은 연구가 '이런 전략을 가르쳤더니 어린이의 독해력이 향상했다'고 보고해요. 그렇다면 좋은 전략을 쓰면 독해력이 향상한다는 결론을 낼 수 있죠.

이런 전략의 효과는 연령이 높아질수록 더 커진다고 해요. 읽기 학습을 막 시작했을 무렵, 예를 들어 초등학교 저학년이라면 '글을 술술 읽을 수 있는지의 여부'가 독해력과 거의 같은 의미로 쓰여요. 술술 읽는다는 것은 문자에서 소리로 원만하게 변환이 이루어져서 거기에 힘을 들이지 않아도 좋은 상태라는 뜻이죠. 여기서 힘을 들이지 않으면, 의미를 이해하는 데 힘을 쏟을 수 있죠. 술술 읽는다는 것은, 그 말을 듣는 동시에 의미가 머리에 자동으로 떠오르는 상태를 말해요. 읽기 학습의 초기에는 여기에 개인차가 크기 때문에 우선 술술 읽는 것이 읽기 능력으로 중요하게 여겨져요.

하지만 성장할수록 많은 어린이의 '술술 읽는 힘'에는 큰 차이가 없어져요. 반면 읽어야 할 대상은 더 길고 복잡한 글이 많아져요. 그러면 자신의 독해 상황을 적절히 평가하고 좋은 전략을 사용하는 것의 영향력이 커지겠죠. 이러한 전략의 효과는 '원래의 기억력'처럼 능력의 차이에 상관없이 발휘된다고 해요.

..... **윤수**　　알 것 같아요! 저도 초등학교 고학년 즈음부터 국어가 힘들었어요. 분명 '술술 읽기'에서 더 나아가지 못한 것 같아요. 저 자신이 안타까워요…….

..... **선생님**　　괜찮아요. 아직 늦지 않았어요!

예를 들어 오래된 연구이지만, 팰린스와 브라운이라는 두 사람의 연구자가 '다른 학생들보다 읽기를 상당히 어려워하는 중학생'을 모아 전략을 가르쳤어요(Palincsar&Brown, 1984). 20회 정도 지도한 뒤에 독해력 테스트를 실시했더니 그 학생들의 성적이 놀랍게도 다른 학생들과 같은 수준까지 향상했어요. 대상 학생들은 독해 테스트에서 대체로 다른 학생들보다 두 학년 정도 뒤처진 성적을 받았는데, 지도 후에는 거의 같은 학년 수준이 된 거예요. 게다가 그 효과는 8주 뒤의 테스트 때도 유지됐어요. 8주 만에 다른 학생들을 따라잡은 거니까 상당히 놀랍죠.

윤수      독해력을 높이려면 더 긴 시간이 걸릴 줄 알았는데. 두 달 만에 그렇게까지 되나요? 도대체 무슨 방법을 썼어요? 놀랍네요. 어떻게 연습했어요?

선생님      팰린스와 브라운의 연구에서는 '요약' '질문' '명확화' '예측' 네 가지 방법을 지도했어요(표 5-1). 이 방법을 그냥 '해 봐라'라고 하면 금방 못 할 것 같죠? 팰린스와 브라운의 연구에서는 선생님과 학생이 교대로 '선생님 역할'을 하면서 글을 해설하거나 다른 학생에게 질문을 던지면서 전략 연습을 했어요. 활동의 중심은 질문이었어요. 학생들은 선생님과 다른 학생에게 요약과 명확화, 예측에 관한 질문을 했어요. 제5장에서 지금까지 말한 내용을 생각해 봐요. 어떤 질문을 할 수 있을까요?

윤수      네? 음……, '독서가 도움이 되나요?'는 어떤가요?

**[표 5-1] 팰린스와 브라운의 연구에서 지도했던 방법**

| 요약 | 어떤 내용이었는지 정리한다 |
| --- | --- |
| 질문 | 선생님이 할 법한 질문을 생각한다 |
| 명확화 | 어떤 의미인지 분명히 설명한다 |
| 예측 | 글에 무엇이 쓰여 있을지 읽기 전에 생각한다 |

**····· 선생님**    그래요, 그게 핵심이었죠. 하지만 '도움이 된다'는 말에는 여러 가지 의미가 있으니까 좀 더 자세히 말해 볼까요?

**····· 윤수**    그럼····· '독서를 하면 독해력이 향상하나요?'는 어때요?

**····· 선생님**    한 발짝만 더 나아가 봅시다! 그 질문에는 '예'라든가 '아니요'라는 답밖에 할 수 없을 테니까요. 만약 상대방이 설명해 주기를 바란다면 '어떤'이라든가 '어떻게'라는 말을 사용하면 좋겠죠?

**····· 윤수**    그렇네요. 그럼 '어떤 독서가 독해력을 향상하나요?'는요?

**····· 선생님**    잘했어요. 지금까지 말한 내용의 요점이 그야말로 그 질문에 표현돼 있네요! 그렇게 질문했다면 답도 알고 있나요?

**····· 윤수**    즐겁게 독서를 하면 독해력이 향상해요. 이 답은 어

떤가요?

선생님    맞아요. 이런 식이에요. 윤수는 '읽는 게 힘들다'고 말
했지만, 요점을 잘 파악하고 질문을 만들 수 있었어요. 팰린스
와 브라운의 연구에 나오는 학생들은 처음에는 더 어려워했던
듯해요. 하지만 선생님이 조언하거나 '좋은 질문'의 본보기를
보여주면서 점점 좋은 질문과 해설을 하게 됐어요. 그리고 그것
이 읽기를 잘하게 해 주는 '독해 전략'을 연습하는 활동이었죠.

팰린스와 브라운의 연구처럼 '질문 만들기와 해설'을 실제 상
대가 있는 상황에서 해 보는 것은 읽기 전략을 효과적으로 학
습하는 방법이에요. 그들의 연구에 이어 많은 연구에서도 이
틀이 읽기 전략을 익히는 데 효과적이라는 사실이 계속 밝혀지
고 있어요.

윤수    그렇군요. 이해했어요. 그렇다면 아까 말씀하신 질
문, 예측, 요약, 명확화의 네 가지를 사용해서 읽는 연습을 하면
잘할 수 있다는 뜻인가요?

선생님    사실 효과적인 전략은 이 외에도 많이 있어요. 글을
읽기 전, 읽는 도중, 읽은 후에 무엇을 생각했는가를 조사한
연구에서는 독자가 실제로 다양한 방법으로 글을 읽는다는 사
실을 알 수 있었어요. 다들 다양한 전략을 쓰며 읽는 거죠.

여기에서는 제가 한 연구와 미국 연구기관의 보고(National

Reading Panel)를 바탕으로 표 5-2에 나열한 여섯 가지 전략을 소개하려 해요. 미국 연구기관의 보고에서는 독해 전략에 관한 연구를 모은 다음, 종합적으로 효과가 확인된 일곱 가지 전략을 예시로 들어요. 또 나의 연구에서도 중학생부터 대학생을 대상으로 조사해서 어떤 읽기 전략이 사용되는가를 정리했어요. 그러니까 표 5-2에서 언급하는 전략은 많은 연구에서 '실제로 많은 사람이 쓰고, 내용을 잘 이해하는 효과가 있다'고 나타난 대표적인 전략들이라고 할 수 있어요.

**……윤수**　그리고 보니 국어 수업 시간이나 시험에서 '의미 단락을 생각해 보자'라든가 '이것은 무엇을 가리키는가?'라는 문제가 나오는데, 이런 것도 전략인가요? 음, 의미 단락이라고 하면 '구조에 주목하라'이고, '이것은 무엇을 가리키는가?'는……'명확화'인가요?

**……선생님**　맞아요! 국어 수업 등에서 '두 번째 단락을 300자 정도로 요약하시오'라는 과제가 나오죠? 이것도 독해 전략인데 '요점 파악'을 연습하는 중요한 기회라고 할 수 있어요.

**……윤수**　국어 선생님이 사실은 읽기 전략을 가르치셨군요. 그걸 전혀 몰랐어요. 그러고 보니 아까 말씀하셨듯 표 5-2에 나온 독해 전략 같은 걸 사용하라는 숙제를 종종 받긴 했어요……. 그런데 그건 독해 전략이라기보다 숙제 같은 느낌이어서, 책을

**[표 5-2] 독해력을 향상하는 여섯 가지 전략**

| 전략 | 구체적인 활동 |
|---|---|
| 기본적인 읽기 방법 통제(control) | • 뭔가 이상하다 싶으면 천천히 읽는다<br>• 잘 이해가 안 된다면 반복해 읽어 본다 |
| 명확화 | • '이것', '그것' 등이 무엇을 가리키는지 분명히 한다<br>• 애매한 표현을 다른 말로 바꿔 본다<br>• 명확하게 적혀 있지 않은 내용을 보태서 다시 말해 본다<br>• 자신의 말로 다시 말해 본다 |
| 요점 파악 | • 중요해 보이는 부분을 찾는다<br>• 키워드를 찾아 눈에 띄게 표시한다<br>• 대략적인 흐름을 도표나 그림으로 만들어 본다<br>• 항목별로 정리해 본다 |
| 이해했는가 확인 | • 이해하지 못한 부분이 어디인가를 생각한다<br>• 자신이 제대로 이해했는가를 확인한다<br>• 선생님이라면 어떤 질문을 할지를 생각한다 |
| 구조에 주목 | • 글의 문단 구조에 주의한다<br>• 접속사에 주목해 이야기의 흐름을 파악한다<br>• 몇 덩어리로 나누어 정리한다 |
| 지식의 활용 | • 책 내용과 관련된 지식을 알고 있는지 떠올려 본다<br>• 알고 있는 사항과 같은 것, 다른 것을 생각한다<br>• 나의 지식과 연결한다 |

읽을 때 내가 사용할 수 있는 요령이나 응용 연습이라고 생각하지 않았어요.

🙂 ····· 선생님    예전에 중학생을 대상으로 조사한 적이 있는데, 윤수처럼 생각한 친구들이 많았어요. '수업에 나온 방법을 내가 책을 읽을 때 쓴다고는 생각하지 않았다'는 거죠. 한편 국어 선생님은 '수업에서 이렇게 가르쳤으니까 분명 다들 읽기 전략을 익혔겠지'라고 여기고요. 독해 전략을 가르치면서 학생들에게 활용할 수 있는 '요령'이라고 분명히 말하지 않기 때문에, 학생들은 수업만 끝나면 관계가 없다고 생각할 수도 있어요. 우선 선생님이 '명확하게' 가르칠 기회를 늘려야 할지 몰라요.

학교에서 전략을 연습한다는 점에 관해 또 한 가지 말하자면, 국어 외의 수업 시간에 전략을 사용해 읽을 기회가 거의 없다는 점도 문제예요. 전략을 제대로 익히려면 '정말로 의미가 있는 상황'에서의 연습이 중요하니까요. '국어'는 읽는 것 자체가 목적이니까 읽는 법을 가르치거나 기본적인 연습을 할 기회로서 매우 중요해요. 하지만 다른 교과나 자신의 취미 등 '이해해서 무언가를 할 수 있는' 것을 목적으로 하는 상황에서는 본인이 전략을 가지고 읽는 것이 중요해요.

🙂 ····· 윤수    꼭 교과서가 아니라도 괜찮은가요?

🙂 ····· 선생님    예전에 '읽기가 싫다'는 학생에게 읽기 방법을 가르

친 적이 있는데, 그 학생이 처음에 '이거라면 읽을 수 있겠다'라고 말한 게 야구 연습법에 관한 해설서였어요. 야구부였거든요. 그 책을 읽고 요약하는 연습을 하기도 했어요. 요리 레시피나 자기가 좋아하는 것을 전략적으로 읽는 것이 읽기 연습에 좋다고 생각해요.

🧑 ····· 윤수    그렇다면 선생님 없이 저도 읽을 수 있겠어요!

👩 ····· 선생님    그래요. 우선 읽고 싶은 마음이 드는 책을 사용해서 전략을 써 가며 읽는 연습을 해 보면 좋아요.

🧑 ····· 윤수    그런데요, 선생님. 어느 전략부터 시작하면 좋다는 식의 연습 코스 같은 건 없나요? 표 5-2를 보면 아래쪽 방법들이 어려워 보여요.

👩 ····· 선생님    아, 좋은 지적이에요! 첫머리에 나오는 전략은 표면적인 실패에 대응하는 전략(기본적인 읽기 방법 통제)이니까 읽기를 힘들어하는 사람도 쓸 수 있어요. 이것도 훌륭한 전략, '읽기를 위해 고안해 낸 방법'이에요.

🧑 ····· 윤수    그건 저도 하고 있어요. 오! 저도 전략을 사용하고 있었네요.

👩 ····· 선생님    마지막 두 가지가 조금 어려워요. 이 두 종류의 전략은 '글에 분명히 쓰이지 않은 것'과 관련돼 있어요. 문단이나 접속사는 글 전체가 어떤 식으로 짜여 있는가, 어떤 순서로 이루

어져 있는가에 관련되는데, 그것이 분명히 쓰여 있지 않아서 '행이 바뀌니까 여기서부터 이야기가 달라진다' '그러나, 라는 말이 나왔으니 이 문단은 앞의 내용과 반대되는 내용이다'라는 식으로 머릿속에 지도를 만들어 가는 거예요. 이 전략을 사용하지 않으면 글의 정보가 어떤 식으로 정리돼 있는가를 파악하기가 힘들어요. 정보의 흐름을 파악하지 못하면 어떻게 된다고 했죠?

**윤수** 　　정보의 흐름요……? 아, 제3장에서 기억 이야기를 할 때 나왔죠? 정리나 연결로 지식이 만들어진다고 했는데……. 정리된 핵심을 파악하면 잘 기억할 수 있으니까, 정리가 안 되면 머릿속에 들어가지 않는다는 뜻인가요?

**선생님** 　　놀랍네요. 백 점짜리 답이에요! 맞아요. 머릿속에 넣으려면 정리나 연결이 중요해요. 그래서 어떻게 정리돼 있는가를 파악하면 도움이 돼요. 글을 정리할 때는 문단이나 접속사를 사용하는데, 의미를 읽고 잘 정리하려면 노력해야 해요.

　'지식의 활용' 전략도 마찬가지로 노력이 필요해요. 이것도 왜 중요한지 알겠어요?

**윤수** 　　음, 왜 중요할까요……?

**선생님** 　　'머릿속에 넣으려면 연결이 중요하다'는 관점에서 설명할 수 있어요. 이미 머릿속에 있는 지식과 연결하는 거죠.

👩 …… 윤수 　그렇구나. 지금까지의 경험과 읽은 내용이 연결되어 있으면, 경험을 떠올릴 때 책 내용도 기억할 수 있겠군요! 그러고 보니 제가 테니스를 좋아하는데, 물리학 책에 테니스의 서브가 예로 나왔을 때 이해가 잘된다는 느낌이 들었어요.

👩 …… 선생님 　바로 그거예요!

# 독해 전략을 마스터하기 위한 길
## - 세 가지 벽을 부수자

👩 …… 선생님 　지금부터는 좀 냉정한 이야기를 하겠어요……. 사실 독해뿐만 아니라 전략을 잘 사용하는 '전략 활용의 달인'이 되려면 몇 개의 벽을 부숴야 해요. 첫 번째 벽은 '전략을 모른다'는 벽이에요. 이 벽은 지금 해결됐을까요?

👩 …… 윤수 　네, 다양한 방법이 있다는 사실을 알았으니까요. 그래도 전략을 사용하는 건 좀 어려울 듯해요…….

👩 …… 선생님 　그렇죠. 윤수는 아마 선생님이 '자, 이 방법을 사용해 읽어 보세요!'라고 하면 잘할 거예요. 하지만 글을 읽을 때 스스로 전략을 사용할 수 있느냐 하면…….

👩 …… 윤수 　음……, 자신이 없어요.

**선생님**  이게 두 번째 벽이에요. 다른 사람이 '전략을 사용해 보세요'라고 하면 사용할 수 있지만 자발적으로는 사용하려 들지 않는다는 단계예요. 두 번째 벽을 부수려면 윤수가 '이 전략을 사용하면 잘 이해할 수 있다'라고 전략의 장점을 느끼거나, '이 전략을 쓰는 건 그렇게까지 어렵지 않구나' 하고 노력을 덜 들여도 된다는 걸 알아채거나, '이 독해법이 나한테 잘 맞아' 하고 전략을 좋아하는 게 중요해요.

하지만 실제로는 지금까지 해 보지 않았던 일을 하는 건 (정작 그렇게까지 힘들지 않더라도) 무척 귀찮고 어렵게 느껴지고, 처음에는 전략을 잘 사용하지 못하는 경우도 많으니까 '별로 도움이 되지 않아' 하고 판단해 버리기도 해요. 학교나 학원 선생님이 '기껏 좋은 방법을 가르쳤는데 아이들이 전혀 받아들이지 않는다' '사고법을 가르쳤는데 금방 잊어버린다'라고 한탄하는 경우가 있는데, 아마도 두 번째 벽이 넘기 어려워서 그런 게 아닐까 싶어요. 새로운 전략을 스스로 사용하게 될 때까지 '도움이 된다' '그다지 힘들지 않다' 그리고 '꽤 즐겁다!'라는 걸 다양한 형태로 전달하는 게 필요해요.

**윤수**  그런 의미에서 보면 선생님이나 함께할 친구가 중요하겠네요. 칭찬해 주는 사람이라든가 같이 노력하는 사람이 있으면 '귀찮지만 해 보자!'라며 의욕이 생기니까요.

🙂 ····· **선생님**　　그렇죠. 읽기는 혼자 한다는 이미지가 있지만, 가르치는 사람이나 동료가 있으면 더 쉽게 공부할 수 있어요.

　세 번째 벽은 '전략을 잘 활용하지 못한다'인데, 선생님들이 이 벽을 부수기 위해 애써야 해요. '잘 활용하지 못한다'는 벽을 부수려면 어떤 때에 어떤 전략을 사용하면 좋은가, 그 전략을 더 잘 쓰려면 어떻게 해야 좋은가에 대한 지식을 축적할 필요가 있어요. 그러니까 전략을 사용한 읽기에 대해 '잘했다'라든가 '이렇게 하면 더 잘할 수 있다'라고 알려 주는 사람이 있으면 정말 큰 도움이 돼요.

🙂 ····· **윤수**　　그렇군요. 좋은 선생님이 있으면 좋겠어요. 그래도 우선은 스스로 연습을 해 봐야겠어요.

🙂 ····· **선생님**　　자발적 학습도 중요해요. 초등학교나 중학교에서는 '스스로 학습하기'를 숙제로 낼 때도 있죠. '스스로 학습하기'로 전략을 연습해 보면 학교 숙제도 할 수 있어 일석이조일지도 몰라요! 교과서 글을 요약해서 선생님에게 '중요한 부분이 들어갔나요? 생략하는 편이 나은 부분은 없나요?' 하고 물어보는 걸 추천해요. 최근에는 교과서에도 '읽기 힌트'라는 형태로 전략을 소개하거나 선생님들도 '읽기 방법을 더 확실히 가르치자'고 의식하는 것 같아요. 윤수가 '전략의 달인'이 되는 길을 뒷받침해 줄 선생님들이 많아지기 기대해 봅니다.

**[그림 5-2] 독해 전략을 마스터하기 위해 부숴야 하는 세 가지 벽**

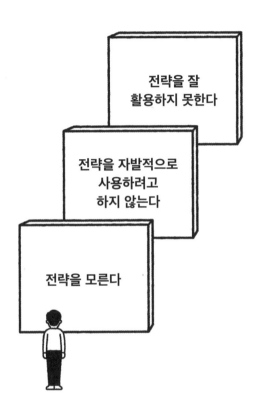

**윤수의 노트**

◎ 즐겁게 책을 읽은 경험이 독해력을 높인다.

◎ 수동적이어서는 안 된다! 전략적으로 읽자(방법을 사용하자).

◎ (사실은) 학교에서도 전략을 배운다. 좋아하는 주제의 책으로 전략을 활용하는 연습을 해 보자.

◎ 선생님들이 '이런 전략을 써 봐' '이렇게 읽으면 좋아'라고 확실히 가르쳐 주세요!

# 제6장
# 만화를 읽으면 안 될까?

## '만화 긍정론' 대 '만화 부정론'

세희 ····· 역시 안 된다니까.

윤수 ····· 왜? 같은 거잖아.

은하 ····· 나도 윤수하고 같은 생각이야.

선생님 ····· 왜들 다투고 있어요? 무슨 일이에요?

세희 ····· 역사적 사건을 함께 조사해서 포스터에 정리하는 숙제가 있어요. 우리 반은 '명량해전'에 대해 조사하기로 했는데, 윤수와 은하가 만화밖에 안 읽어요. 만화만 읽으면 제대로 조사하지 못할 것 같은데 둘 다 제 생각을 안 따라 줘요.

····· 은하      조사하고 있다니까! 책은 괜찮고 만화는 안 된다는 건 만화 차별이야!

····· 선생님      그렇군요. 세희, 왜 만화는 안 된다고 생각해요?

····· 세희      만화는 믿을 수 없달까요. 재미로 보는 만화는 정식 책이 아니라고 생각해요. 책을 제대로 읽지 않으면 공부도 안 되잖아요.

····· 윤수      그 말에는 찬성할 수 없어. 좋은 내용을 담은 만화도 있고, 책 중에서 신뢰할 수 없는 내용을 담은 것도 있잖아.

····· 선생님      그렇죠. 선생님도 만화를 무척 좋아해서 윤수와 은하의 손을 들어 주고 싶어요.

····· 은하      그것 봐! 역시 만화도 괜찮다니까! 이겼다!

····· 선생님      그렇지만 책을 읽어야 한다는 세희의 의견도 틀리지 않아요.

····· 윤수      네? 왜요? 만화로도 충분하잖아요. 저는 동영상을 주로 보는데, 오히려 만화를 읽는 것만으로도 상당히 노력하고 있다는 걸 알아줬으면 좋겠어요.

····· 선생님      윤수, 선생님이랑 읽기 연습을 하자고 이야기했죠……? 전략은요?

····· 윤수      네? 조사 학습에서 읽는 거랑 글 읽기 연습은 다른 거 아니에요? 조사할 때는 거기에 맞는 쉬운 방법으로 하고 싶

어요!

····· 선생님　　　그렇군요……. 바로 이런 경우가 읽기 전략을 연습하기에 좋은 기회인데, 일단 그건 나중에 생각합시다. 은하와 윤수는 만화 찬성파, 세희는 만화 반대파네요. 그렇다면 왜 만화가 괜찮을까요? 반대로 만화가 안 된다는 이유는 무엇일까요? 천천히 생각해 봅시다.

## '이야기화'의 장점과 단점

····· 선생님　　　우선 만화 찬성파의 의견을 들어 볼게요. 왜 '책이 아니라 만화가 좋다'고 생각해요?

····· 윤수　　　만화가 이해하기 쉽잖아요! '아, 이 사람이 이런 식으로 생각해서 이런 행동을 했구나' 하고 이해하고 공감할 수 있으니까요. '나라면 어떻게 했을까' 하고 나 자신을 대입해 볼 수도 있고요.

　　　예전에 선생님이 '전체상을 파악한다'는 이야기를 하셨는데, 그게 가능하다는 느낌이 들어요. 책은, 특히 세희가 가져온 책은 누가 어떤 식으로 움직였는지에 대해 앞뒤 설명 없이 오직 사실만 나열하고 있어요. 전체적으로 어떤 느낌인지 떠올리기 힘들어요.

 ····· 선생님　 윤수의 말처럼 만화에서는 역사적인 사건이 '이야기'가 되는 경우가 많아요. '이야기가 된다'는 것을 여기서는 '이야기화'로 부르기로 해요. '이야기화'의 효과는 만화뿐만 아니라 역사소설에도 있어요. 역사소설은 역사상의 인물을 주인공으로 해서 그 인물을 둘러싼 사건이나 역사적 내용을 이야기로 만들 때가 많죠. '이야기화'는 만화에만 있는 효과라기보다 그것의 효과가 만화에도 나타난다고 이해할 수 있어요.

　제1장에서 이야기한 '이야기 문법'을 떠올려 봅시다. 기억하나요?

 ····· 세희　 기억해요! '이야기'에는 공통된 틀이 있다는 거였죠?

 ····· 선생님　 맞아요. '이야기'에는 보통 장소나 인물 등의 설정이 있고, 해결해야 할 문제가 있어요. 그리고 등장인물이 몇 가지의 과제를 풀어서 문제를 해결한다는 틀로 이야기를 정리할 수 있다고 했죠. 이 틀은 모두가 공유하고 있기에 이것을 사용해서 이해할 수 있는 이야기 쪽이 여러 가지 틀이 있는 설명문보다 이해하기 쉽다는 사실도 배웠어요.

 ····· 윤수　 아아, 그럼 만화가 이해하기 쉬운 이유는 '이야기'이기 때문이네요. '이야기화'한 만화는 이야기 문법으로 이해할 수 있군요! 그러고 보니 교과서가 정말 이해하기 어렵다고 생

각했는데, 그건 이야기화 돼 있지 않아서 그럴지도 모르겠어요. 인물이 엄청 많이 나오고 사건도 많지만 주인공이 시련을 넘어서 뭔가를 해결한다는 식으로 나오지는 않아요. 그렇게 쓰면 좋을 텐데요!

👩 ····· 선생님　　이야기화하면 우리가 자연스럽게 가진 틀에 잘 맞으니까 이해하기 쉬워지죠. 단, 이야기화의 문제도 있어요.

👩 ····· 은하　　이해하기 쉬워진다면 웬만한 문제는 상관없을 것 같은데요…….

👩 ····· 선생님　　읽기의 목적과 연관이 있어요. 역사 이야기를 편하게 즐기고 싶다는 목적으로 읽는다면 이야기화 된 쪽이 좋겠죠. 하지만 지금 여러분은 학교에서 내준 과제 학습을 하면서 역사적인 사건을 조사해 공부하는 게 목적이에요. 이때 만화는 세희가 말한 대로 어울리지 않는 것 같아요.

　　예를 들어 주인공의 존재에 대해 생각해 봅시다. 아까 윤수가 말했듯이 역사상의 사건에는 많은 사람이 관련돼 있죠. 그런데 이야기화할 때는 모두를 같은 비중으로 다루지 않고 특정 인물을 중심으로 다룰 때가 많아요. 그러면 어떤 문제가 발생할까요?

👩 ····· 세희　　아, 시점이 편협해진다……?

👩 ····· 은하　　그게 무슨 소리야? 좀 알기 쉽게 이야기해 줘!

**세희**      음, 한쪽 편만 들게 된다는 뜻이야. 예를 들어 지금 조사하는 사건은 '명량해전'이잖아. 윤수가 가져온 만화를 보면 경상우수사를 지낸 배설 장군이 무척 나쁜 인물로 그려져. 명량해전 직전에 이순신 장군을 암살하려 했고 거북선을 불태우고 나서 혼자 도망치려고 했지. 책의 내용과 좀 달랐어. 『난중일기』 등에는 배설 장군이 명량대첩(1597년)이 일어나기 며칠 전 병을 치료하겠다며 이순신 장군의 허가를 받아 뭍으로 내린 뒤 도망친 것으로 기록돼 있다고 해. 비겁한 인물이긴 해도 만화에서 그린 만큼의 악행을 행하지는 않았던 것 같아. 그런데 만화는 악인을 정하고 '이 사람 탓이다!'라고 말하는 게 이해하기 쉽고 재미있으니까 일부러 한쪽으로 치우쳐서 쓰는 것 같아.

**윤수**      아, 그러고 보니 나도 읽으면서 '배설은 나쁜 사람'이라고 생각했어. 하지만 그런 부분이 재미있었달까…….

**선생님**      네. 그것도 만화만의 단점이라기보다 이야기화 때문에 어쩔 수 없이 생기는 효과일 거예요. 세희가 말하듯이 '편협한 시점', 즉 한쪽 편을 드는 것이 윤수가 느낀 '재미'와 연관되는 연출이기도 하죠.

원래 충격적인 사건이 일어나면 이해하기 쉬운 '이야기'를 원하기도 하고, 악인과 원인을 분명히 하고 싶어 하는 게 인간의 습성이에요. 이야기화는 그러한 인간의 습성을 반영한다고 볼 수 있어요.

세희　　사실 제가 만화를 반대한 건 무조건 '만화는 재미로 보니까 안 돼!' 하고 생각했기 때문이에요. 하지만 '이야기로 만들기'의 효과라는 의미에서 보면 책도 부족한 부분이 있다는 뜻이네요. 문제는 만화냐 책이냐가 아니었어요……. 은하야, 윤수야, 미안해.

은하　　아니야. 나도 그다지 깊게 생각하지 못했는걸. 이해하기 쉬우니까 만화가 좋다는 정도였어. 누군가를 분명한 악인으로 규정할 만큼 역사는 단순하지 않은 것 같아. 그렇게 생각하면 '이야기화'의 효과를 고려하면서 글을 읽어야 할 것 같아.

윤수　　은하가 심오한 말을 하고 있어…….

선생님　　화해하는 분위기네요. 처음에도 이야기했듯 선생님도 사실은 만화 찬성파예요. 그러니까 이야기화가 도움이 된다는 이야기도 해 주고 싶네요.

윤수　　만화가 전혀 도움이 되지 않는 건 아니었네요!

선생님　　네. 우선 이야기화를 하면 정보 간의 연결이 잘돼요. 예를 들어 역사의 소재가 되는 사건은 먼 옛날에 일어났기 때문에 지금의 나 자신이나 현시대의 문제와 연결하기가 쉽지 않아요. 앞서 '기억하려면 연결해야 한다'고 은하와 이야기했는데요(제3장), 연결의 관점에서 생각하면 옛 시대의 일은 연결하기 힘들고, 따라서 머리에 잘 안 들어가요. 그렇다면 편협하지 않은, 이야기화 되지 않은 '제대로 된' 책을 읽어도 좀처럼 머리에 들어가지 않겠죠.

**····· 은하** 네, 맞아요. 뜻을 모르는 부분은 기억할 수 없었어요.

**····· 선생님** 그 부분에서는 만화가 도움이 되겠죠. 윤수가 만화로 보면 '공감할 수 있다' '어떤 사람이 어떻게 행동했는가를 알 수 있다'고 했죠?

**····· 윤수** 네. 제가 등장인물이 된 것처럼 느꼈고, 상대방이 이런 식으로 이야기한다면 화가 나겠지 하고 상상하면서 읽었어요.

**····· 선생님** 그게 바로 '이야기로 만들기'의 장점이에요. 부정확하거나 편협한 부분이 있더라도 주인공을 중심으로 이야기를 전개하면서 읽는 사람과 역사적 사건을 연결해요. '배설은 악인이다'라는 말도 일종의 연결이니까 연결이 없는 것보다는 이해하고 기억하기 쉬운 상태가 되는 거예요.

**····· 윤수** '이순신 장군을 암살하려 하다니 정말 나쁜 사람'이라고 생각했던 '악인 배설 에피소드'는 꽤 상세히 기억해요. 이것이 '이야기화'의 효과네요.

**····· 선생님** 그렇죠. 윤수가 '교과서는 인물과 사건만 나열해 이해하기 어렵다'라고 했는데, 그런 식으로 사건을 기술하면 다

른 정보와 어떻게 연결해야 좋은지를 모르는 경우도 있겠죠. 그럴 때 이야기를 통해 연결하면 이해가 훨씬 쉬워져요.

또한 공감뿐만 아니라 이야기를 통해 다양한 감정이 환기돼요. 왜 그런 짓을 하는 거야! 하면서 반발하거나, 불쌍하다고 동정심을 느끼기도 하죠. 공포를 느낄 때도 있고요. 그러한 감정이 여러 정보를 연결하는 역할을 맡아서 어떤 주제를 깊이 이해하게 해 줄 때도 있어요. 이렇게 생각하면 '이야기로 만들기'는 연결을 만듦으로써 우리의 이해와 기억을 도와준다고 할 수 있죠.

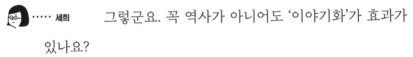

····· 세희 　　그렇군요. 꼭 역사가 아니어도 '이야기화'가 효과가 있나요?

····· 선생님 　　네. 이야기에서 자주 사용하는 수법으로 '의인화'라는 것이 있어요. 이것도 연결을 만드는 데 한 역할을 담당해요. 사람이 아닌 것을 사람처럼 묘사함으로써 이야기화를 쉽게 하는 효과가 있죠. 의인화를 사용한 소설이나 만화도 많아요. 예를 들어, 선생님은 『일하는 세포』라는 만화를 참 좋아해요. 이 만화는 '적혈구'나 '백혈구'를 '인간의 몸 안에서 일하는 사람'으로 의인화하고 그들의 일을 통해 인체의 구조를 이해할 수 있도록 해요. 구체적으로 적혈구, 백혈구가 무슨 일을 하는지 잘 모르겠다, 상상하기 어렵다는 느낌이 들지만 '운반한다' '서둘

러 도착한다' 등 인간의 활동에 비유해 표현하면서 내가 아는 세계와 연결해 줘요.

또한 등장인물이 문제를 해결하면서 과학이나 수학 지식을 사용하는 식으로 전개되는 만화도 있어요. 『닥터 스톤(Dr. Stone)』이 좋은 예예요. 이 만화는 문명이 사라진 세계에서 과학 지식을 이용해 다양한 문제를 해결해서 문명을 되찾고자 하는 이야기예요. 이런 설정을 통해 등장인물이 처한 상황과 문제, 그것을 해결할 때의 생각과 지식이 연결되므로, 독자는 이야기가 전개될 때 제시되는 과학 지식을 더 잘 이해하고 기억할 수 있어요.


## '시각화'의 효과

····· 은하　　만화가 좋은 이유 한 가지가 더 있어요. 그림으로 돼 있는 게 만화의 독자적인 효과가 아닐까 싶어요. 지금 조사하고 있는 역사적 사건 같은 주제라면 사람이 많이 나오잖아요. 그런데 만화는 얼굴이나 분위기도 알 수 있어서 좋아요. 복장도 아, 이런 옷을 입고 이런 마을에 살았구나 하는 것도 알 수 있어서 재미있고요. 글만으로는 상상하기 어려운데 그림이 있으면 도

움이 된다고 생각해요.

**세희** ⋯⋯ 아까 이야기한 편협한 시점이라는 측면에서 보면, 얼굴을 아는 건 위험할지도 몰라요. 악역은 험악한 얼굴로 그리고 주인공은 필요 이상으로 멋지게 그릴지도 모르니까요.

**선생님** ⋯⋯ 있을 법한 이야기네요. 역시 '이야기화'할 때 주인공이 매력적이어야 하겠죠. 역사상의 인물은 정확한 얼굴 생김새를 모르는 경우도 많으니까 작가가 어떤 이미지로 그리느냐에 따라 달라지기도 할 텐데, 현대풍으로 미화할 수 있겠죠.

그래도 은하가 말한 것처럼 복장이나 마을 등도 그림으로 보면 잘 알 수 있죠. 또 지리적인 정보도 만화 쪽이 알기 쉽고요.

**윤수** ⋯⋯ 영화나 TV 드라마 또는 애니메이션도 좋겠어요.

**선생님** ⋯⋯ 그렇죠. 어느 쪽이든 너무 멋있게 묘사한다는 문제가 있지만 어떤 모습으로 살았는지 이미지를 떠올리기에는 좋아요.

**은하** ⋯⋯ 아, 사극의 전투 장면에 나오는 말(馬)도 너무 멋있어서 문제예요. 실제로 그 시대의 말은 더 작았을 거예요. 드라마에 나오는 경주마가 아니었어요. 요즘 기준으로 말하자면 조랑말이라고요. 저도 실제로 본 적은 없지만 재래종 말은 더 키가 작고 땅딸막하고 성격이 온순하대요⋯⋯. 귀여워요.

**세희** ⋯⋯ 못 말려. 은하는 동물 이야기만 나오면 금세 '귀엽다'

는 타령을 한다니까. 하지만 말의 크기가 다르다는 건 의외네요. 요즘 사극에 나오는 말보다 훨씬 작은 말이 등장한다면 드라마 분위기가 확 달라질 거예요.

**⋯⋯ 선생님**　　그건 선생님도 몰랐어요. TV나 만화의 이미지를 너무 강하게 가지면 실제와 어긋나는 경우도 많겠죠.

그렇지만 글로도 정확한 모습을 떠올리기가 어려우니까 마찬가지로 실물과 어긋남이 생기기도 해요. 내 경험과 지식의 목록에 없는 것에 대해서는 글만 보고 이미지를 떠올리기 힘든 경우가 많으니까요. 역사적 사건도 그렇고, 문화나 풍경이 크게 다른 외국이나 지역도 마찬가지예요. 물론 내가 만든 표상과 실물 사이에서 차이를 발견하는 것도 재미나고, 내 나름대로 이미지를 확장하는 것도 읽기의 큰 즐거움이긴 해요. 하지만 그게 안 되니까 이해하기 어렵고 기억하기 어려운 것도 사실이죠. 그럴 때는 실제 영상이나 만화를 통해 더 구체적인 모습을 이미지화하면 이해하는 데 도움이 되겠죠.

## 배경지식 활용하기

**⋯⋯ 윤수**　　음, 만화도 나쁘지 않다는 말은 만화 찬성파로서는

기쁜데, 이번 조사 학습은 어떻게 하죠? 덜 편협한 정보에 중점을 둬서 세희가 가져온 책을 읽을지, 아니면 편협해도 머리에 잘 들어오고 이미지화하는 것을 중시해서 만화를 읽을지…….

**⋯⋯ 선생님** 갈등할 필요 없어요. 둘 다 읽으면 되잖아요.

편견이 없고 이야기가 아닌 글은 읽기가 어려운 게 일반적인 경향일 거예요. 그러면 우선 만화나 소설 같은 이야기를 통해 연결을 만든 다음, 편견이 적은 설명문이나 자료, 해설을 읽으면 좋지 않을까요? 이미 연결이 만들어져 있다면 새로운 정보는 거기에 연결해서 이해할 수 있으니까 설명문의 내용도 이해하기 쉽고 기억하기 쉬워지겠죠.

**⋯⋯ 은하** 그렇군요. 만화나 소설을 토대로 삼는 거군요.

**⋯⋯ 선생님** 토대라는 표현이 참 좋네요. 단점이 있음을 이해하는 동시에, 만화를 읽으면 독해에 많은 도움이 된다는 것도 알면 좋겠어요. 적극적으로 다양한 만화를 읽으면 좋을 거예요.

지금까지 '이야기화'와 '시각화' 두 가지를 주로 다루면서 만화의 장점과 단점을 살펴봤는데요, 만화는 이 두 가지 특징을 최대한 활용해서 이해하기 쉽고 기억하기 쉽게 정보를 제시한다고 볼 수 있어요.

**⋯⋯ 세희** 지금 알고 싶은 문제와 직접 관계가 없는 만화라도 도움이 될 때가 있다고 생각해요. 예를 들어 통일 신라 시대를

무대로 삼은 만화를 읽으면 통일 신라 시대 역사를 공부할 때 활용할 정보가 있을지도 몰라요.

👩‍🦰 ····· 선생님　　그래요. 세희하고는 '톱다운 처리'가 중요하다는 이야기를 했었죠?

👧 ····· 세희　　네, 세탁 이야기(제2장)가 기억나요!

👩‍🦰 ····· 선생님　　맞아요. 무슨 이야기를 하는지 큰 틀을 알고 관련된 지식을 사용하면 '이해할' 수 있는데, 관련 지식이 없거나 지식을 사용하지 못하면 같은 글이라도 잘 이해하지 못했죠. 예를 들어 다음과 같은 글이 나왔다면 어떨까요?

먹을 것이 부족한 춘궁기에 국가에서 곡식을 빌려주고 추수 후에 갚게 하는 일종의 빈민 구제 제도였다. 그러나 관리들은 부족한 재정을 메우기 위해 농민에게 강제로 곡식을 빌려주고 높은 이자를 붙여 곡식을 받아 갔다. 심지어 곡식을 빌리지 않은 사람에게 곡식의 이자를 바치도록 강요하기도 했다.

👧 ····· 세희　　아, 뭔지 알겠어요. 환곡(還穀)에 관한 이야기예요.

👧 ····· 은하　　관청에서 곡식을 빌린 사람들뿐만 아니라 빌리지 않은 사람들에게도 이자를 받다니 당연히 농민들의 반발을 샀겠어요.

**윤수**    맞아요. 지금처럼 농사 기술이 발달한 시대도 아니고 억지로 이자를 내야 한다면 큰일이었겠어요.

**선생님**    지금 여러분은 '환곡'에 대한 지식이나 실제 농사에 대한 이미지, '농민들이 반발하는 모습' 등 다양한 배경지식을 활용해서 읽었어요. 역사 수업에서 배운 사실, 사극에서 그린 탐관오리의 모습, 만화 등을 읽어서 얻은 지식이나 이미지가 실제와 다소 차이가 있더라도 글의 이해를 돕는 지식으로 작동한 걸 알 수 있죠.

**세희**    빌린 곡식과 높은 이자를 한꺼번에 갚아야 하는 환곡 때문에 농민이 힘들어하는 장면을 영화에서 본 적이 있어요. 이 글을 읽을 때 영화 장면이 생각났거든요. 그것도 톱다운 처리와 연결되겠네요.

**선생님**    맞아요. '농민에게 강제로 곡식을 빌려주고 높은 이자를 붙여 곡식을 받아 갔다'는 부분을 읽었을 때 관련 지식이 어떤 표상을 만들지에 대한 큰 틀을 만들어 주죠.

이처럼 외국이나 옛날 일 등 내가 모르는 세계에 대해 쓰인 글을 읽을 때는 관련 지식이 필요하다는 사실을 알 수 있어요. 관련 지식이 없으면 '모르는 단어는 없는데 어떤 상황인지 전혀 모르겠다'는 상황에 빠지기 쉬워요.

지금 여러분은 '명량해전'에 대한 설명문을 읽으려 하는데,

당시의 시대 배경이나 지리를 안다면 '아, 그런 이야기였구나' 하고 이해가 잘되는 부분이 많아질 거예요. 이는 관련된 지식이 이해의 틀로서 작동하기 때문이에요.

앞서 은하가 말했듯 지식을 '토대로 삼기' 또는 배경지식을 사용해 톱다운 처리를 쉽고 빠르게 하는 거죠.

**세희의 노트**

◎ 만화가 이해하기 쉬운 이유는 '이야기화' '시각화'라는 두 가지 효과에 따라 연결이 쉽게 만들어지기 때문이다.

◎ '이야기화'와 '시각화'는 편향성이 생긴다는 단점이 있다.

◎ 공부하고 싶은 내용과 직접적으로 연결되는 내용이 아니더라도 배경지식이 있으면 톱다운 처리에 도움이 되고, 내용 이해가 쉬워진다.

# 제7장
# 도표와 일러스트가
# 많으면 좋을까?

## 그림이 있으면 쉽게 이해할까?

🧑 ····· 윤수　선생님, 이 책은 이해하기가 너무 어려워요. 도표나 삽화가 더 있으면 좋겠어요. 왜 그렇게 쓰지 않았을까요?

👩 ····· 선생님　그렇군요. 도표나 삽화가 있으면 '이해하기 쉬워질' 텐데 충분히 없다는 뜻이죠?

🧑 ····· 윤수　네, 도표가 있으면 더 좋잖아요. 하지만 그건 독해와는 다른 걸까요? 도표나 삽화가 글은 아니니까요.

👩 ····· 선생님　도표나 삽화도 '의미를 기호로 나타낸다'는 것에서 보자면 글과 같은 기능을 해요. 그러나 글은 앞에서부터 순서

대로 써서 의미를 만들어 가는 구조인 반면, 도표나 일러스트는 이쪽을 보고 저쪽을 보는 식으로 여러 가지 순서로 처리할 수 있다는 점에서 달라요.

**윤수** 말씀대로 글은 앞의 내용에 따라 뒤의 말뜻이 정해지지만, 도표는 주목하는 부분에 따라 각각 다른 내용을 알 수 있는 것 같아요.

**선생님** 맞아요. 그런 특징에서 글은 '연속 텍스트'로, 도표나 삽화는 '비연속 텍스트'로 구분하기도 해요.

**윤수** 모두 '텍스트'네요. 텍스트라면 '책' '교과서' 같은 느낌만 드는데…….

**선생님** 텍스트라 하면 책이나 교과서라는 의미도 있지만, 글이나 문자 및 기호로 표상되는 것 전체를 가리킬 때도 있어요. 이때는 '글이나 문자를 써서 표상하는 것'이라는 의미죠. 연속 텍스트와 비연속 텍스트는 의미를 발견하는 방식이 다르지만 둘 다 의미를 기호로 표현하는 텍스트예요.

**윤수** 아, 그 말을 듣고 보니 둘 다 '텍스트'네요. 하지만 읽을 때 느낌이 상당히 달라요.

**선생님** 그렇죠. 우선 그림과 글의 차이에 대해 살펴볼까요? 자, 다음 그림에서 A와 B를 비교해 보세요(그림 7-1). A와 B는 무엇이 다른가요? 어느 쪽이 이해하기 쉬워요?

**[그림 7-1] 수의 변화를 나타내는 글과 그림**

**A**　윤수가 자전거 바구니에 사과를 3개 집어넣었습니다.
도중에 만난 은하가 사과를 2개 줬습니다.
윤수는 지금 몇 개의 사과를 가지고 있나요?

**B**

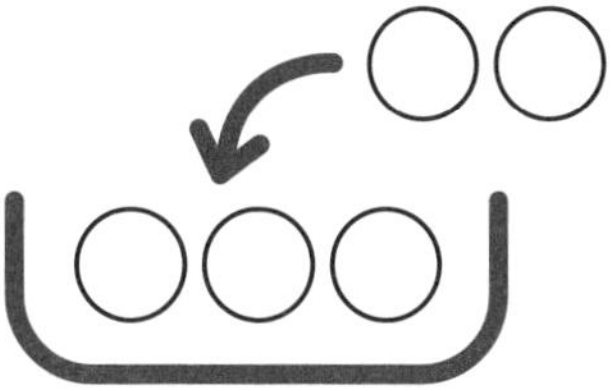

🧒 ⋯⋯ 윤수　　음, 아래쪽 그림은 동그라미의 수와 움직임에 눈이 가네요. 하지만 그림만 봐서는 무슨 이야기인지 알 수 없어요. 소유자가 누구인지 알 수 없고, 자전거 바구니라는 것도 모르겠어요. 사과인지 귤인지 쿠키인지도 모르겠고 어쩌면 호빵일 수도 있고요. 아니, 호빵 다섯 개는 너무 많으려나……? 또 '받았다'는 사실도 알 수 없어요.

👩 ⋯⋯ 선생님　　윤수의 말대로예요.

🧒 ⋯⋯ 윤수　　역시 호빵 다섯 개는 너무 많죠?

👩 ⋯⋯ 선생님　　아니, 호빵 이야기가 아니에요……!

　　우선 글에 있는 '윤수' '바구니' '사과'가 그림에는 없어요. 게

다가 '받았다'는 정보도 없죠. 무슨 일이 일어났는가는 알 수 없지만 개수는 알 수 있어요. 이걸 사과 그림이라고 해도 좋고, 아니면 예를 들어 사람이 무언가를 건네주는 삽화라고 해도 좋아요. 그런데 이 글에서 주목해야 하는 건 '수가 늘어서 몇 개가 됐는가'이므로 그림에서 그 외의 정보는 생략해도 괜찮아요.

👩‍🦰 ····· **윤수**　　오히려 이런 그림이 나은 경우도 있지 않을까요? 방금 본 예처럼 문장이 짧으면 괜찮지만, 매우 긴 문장에서는 관련된 정보를 골라내서 생각하기도 힘드니까 주목해야 할 정보만 있다면 편할 거예요.

👩 ····· **선생님**　　그게 바로 비연속 텍스트의 강점이에요. 실제로는 그림만 단독으로 쓰이는 경우가 많지 않고 글과 그림이 세트를 이루어 사용되는 경우가 많죠. 글로 설명한 다음, 포인트가 되는 요소를 추출해서 그림으로 관계성을 분명히 보여 주면서 양쪽의 장점을 살리는 거죠.

👩‍🦰 ····· **윤수**　　거꾸로 그림이 중심이 되는 경우도 있겠는데요? 글로 표현하기가 굉장히 어려운 걸 도표로 쉽게 그릴 수도 있잖아요. 네, 맞아요. 이런 그림이에요(그림 7-2).

👩 ····· **선생님**　　맞아요. 이렇게 그림으로 알 수 있는 사실을 전부 글로 표현하려면 상당히 힘들고 이해하기도 어렵겠어요.

👩‍🦰 ····· **윤수**　　그렇죠? 이런 설명은 그림이 훨씬 좋다고 생각해요.

**[그림 7-2] 유압 브레이크 구조 설명**

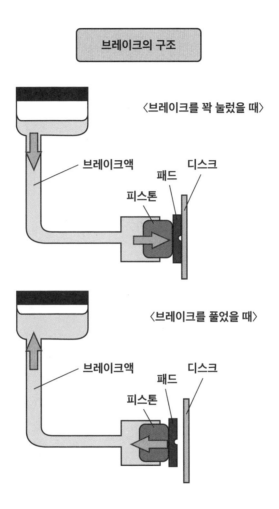

유압 브레이크는 브레이크액이 디스크에 패드를 눌러
디스크의 회전을 멈추게 한다.

👩 ····· 선생님 　　글로 사물을 나타내려면 실제 상태나 이미지를 상세

히 따진 후 풀어서 설명할 필요가 있어요. 그러니 상태나 이미

지를 전달하는 데는 그림 쪽이 좋겠죠.

　　이처럼 글과 그림은 설명 구조가 다르기 때문에, 보는 사람이

이해하기 쉽게 만들려면 각각의 장점을 살려 표현하거나 이 둘

을 조합해서 나타낼 수 있어요.


## 그림이 이해하기 쉬운 이유


👩 ····· 선생님 　　이번에는 다른 관점에서 그림이 이해하기 쉬운 이유

를 생각해 봅시다. 글만 있는 A와 그림을 넣어 내용을 표현한 B

중에 어느 쪽이 이해하기 쉬운가요(그림 7-3)?

😀 ····· 윤수 　　A는 글이 길어요. 이걸 B처럼 그림으로 나타내면 상

당히 간결해지네요. 이건 아기의 엄마 아빠가 '아기가 토했어!

어떡하지?' 싶을 때 읽는 글이잖아요. 그림은 어떻게 대처하면

좋은지를 금세 알 수 있어서 좋아요.

👩 ····· 선생님 　　대처 방법을 금방 알 수 있는 건 그림이 '장소 및 위

치로 정보를 명확화한다'는 기능을 발휘하기 때문이에요.

😀 ····· 윤수 　　그게 무슨 뜻이에요?

**[그림 7-3] 아기가 구토했을 때의 대응**

**A**

밤에 아기가 구토했을 때 병원에 가야 하는지, 집에서 상태를 지켜볼지 갈등하는 경우가 많을 것입니다. 아기는 어른보다 사소한 일에도 더 잘 토합니다. 추운 날 병원에 가는 경우가 도리어 아기에게 부담이 될 때도 있습니다. 병원에 가야 할지 말아야 할지 판단 기준으로서 우선 신경 써야 하는 것은 자녀의 상태입니다. 힘없이 축 늘어져 있는가, 아니면 기운차게 팔다리를 놀리고 있는가를 봐야 합니다. 구토만 하고 건강하게 움직이고 있다면 그다지 걱정할 필요가 없는 상황이 대부분입니다. 그럴 때는 상태를 살피면서 필요하다면 그다음 날 이후 침착하게 병원에 가는 편이 좋습니다. 기운차게 움직이고 있어도 열이 있다면 그다음 날 이후에 진찰을 받으면 안심할 수 있습니다. 한편 축 늘어진 경우는 심각한 상황일지도 모릅니다. 축 늘어져 있어도 열이 없다면 그다음 날 이후에 진찰을 받아도 되는 경우가 대부분이지만, 특히 열이 높을 때는 될 수 있는 대로 빨리 진찰을 받는 것이 좋습니다. 어느 경우든 아기의 상태를 주의해서 살피면서 걱정이 되면 응급 전화 상담을 이용해 조언을 듣는 것을 추천합니다.

........................................................................................

**B**

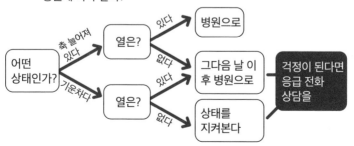

아기의 구토

어른보다 발생하기 쉽다.
병원에 가는 건 도리어 아기에게 부담이 될지도 모른다.

↓

병원에 가야 할까?

**선생님**　선형 텍스트(글)에서는 각 정보의 관계에 대한 '설명'을 읽고서 관련시키는 작업을 머릿속으로 하죠.

한편 비선형 텍스트(그림)의 경우는 서로 이웃하게 그려 놓는다든가, 선으로 잇는다든가 해서 실제 이미지가 어디에 있다는 식으로, 그 정보가 나타내는 '장소'나 '위치 관계'를 바탕으로 이해할 수 있어요.

**윤수**　정보를 위치로 나타내는 게 '그림이 이해하기 쉬운 이유'로군요.

**선생님**　맞아요. 왜 그림이 이해하기 쉬운가를 논한 라킨과 사이먼의 논문(Larkin&Simon, 1987)에서는 위치로 정보를 나타내는 것에 두 가지 장점이 있다고 말해요.

첫 번째 장점은 정보를 빠르고 쉽게 찾을 수 있다는 점이에요. 그림 7-3에서는 판단 기준과 취해야 할 행동이 '알고 싶은 정보'였죠. 글에 비해 그림 쪽이 알고 싶은 정보를 빠르고 쉽게 찾을 수 있었어요.

**윤수**　네, 그림 7-3의 글에서 '알고 싶은 것을 찾기'란 어려워 보였어요.

**선생님**　두 번째 장점은 글을 읽으면 관계성을 생각해야 하지만 그림은 명확히 보여 줘서 생각할 필요가 적다는 점이에요. 그림 7-3의 글을 읽을 때는 '기운차지만 열이 있을 때'와 '기운이 없지만 열도 없을 때'의 대응이 같다는 사실은 곰곰이 생각해야 알 수 있지만, 그림에는 일목요연하게 표현돼 있죠.

**윤수** 머리를 쓰지 않아도 돼서 좋다는 뜻이군요. 아, 그래서 이해하기 쉽다고 생각하는군요. 이제 알겠어요.

그렇지만 선생님, '잘 표현된 좋은 그림'일 경우만 그렇지 않을까요? 알고 싶은 정보가 제대로 표현되지 않았다든지, 관계성이 애매한 그림이라면 마찬가지로 이해하기 어렵잖아요.

**선생님** 그 말이 맞아요. 그러니까 '그림으로 나타내는 편이 이해하기 쉽다(그림이 정보와 관계성을 제대로 나타낸다면)'는 거죠. 사실은 괄호 안 내용이 중요해요.

**윤수** 그렇다면 '그림이 있어서 이해하기 쉬운 줄 알았는데, 그림을 이해할 수 없어서 실망한 경우'는 제 탓이 아닐 수도 있겠네요?

**선생님** 그럴 가능성도 있지만 '그림을 이해하기 위한 지식이 없을' 가능성도 있어요. 윤수는 다음의 그림을 보고 의미를 알 수 있겠어요(그림 7-4)?

**윤수** 네, 욕조에 온수를 담아서 점점 물이 차오른다는 그래프잖아요. 가로축인 x축이 시간을 나타내고, 세로축인 y축이 온수의 양이죠? 20분 즈음에서 220리터 이상으로 늘어나지 않는 이유는 가득 차서 넘쳐서 아닐까요?

**[그림 7-4] 그림을 이해하기 위한 지식이 없으면 알 수 없다**

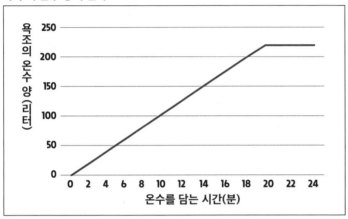

목욕 시 온수 양의 변화

........ 선생님    맞아요. 여기에는 두 개의 축으로 구성된 평면에 그
어진 선을 어떤 식으로 해석할까 하는 함수 지식이 없으면 그
림이 나타내는 상황을 알 수 없어요.

........ 윤수    그렇네요……. 하지만 앞서 봤던 그림 속 화살표도
그렇지 않을까요? 그 선이 무엇을 나타내는지 모르면 그림의
의미를 알 수 없잖아요.

........ 선생님    그렇죠. 그림 7-3의 화살표가 갈라진 게 무엇을 의미
하는가를 모르는 경우에는 결코 이해하기 쉽지 않겠죠.

........ 윤수    그렇군요. '책에 나오는 그림이 이해하기 쉽지 않은'

경우는

　1 그림이 제대로 표현을 못했다.

　2 나에게 그림을 이해하기 위한 지식이 없다.

이 두 가지가 있겠네요.

## 그림의 효과와 부작용

●····· 선생님　　도표와 삽화에는 '정보를 찾기 쉽게 해서 관계를 이해하기 쉽게 만드는' 것 이외의 효과도 있어요. 예를 들어 이런 그림은 어떨까요(그림 7-5)?

●····· 윤수　　응? A와 B가 완전히 똑같잖아요. 그러니까 어느 쪽이 이해하기 쉬냐고 한들 딱히 차이는 없는데요……. 그래도 묻는다면 단연 B예요!

●····· 선생님　　왜요? 경찰 삽화가 꼭 필요하지는 않잖아요.

●····· 윤수　　'똑같은' 글이지만…… 뭐랄까, B 쪽이 읽을 마음이 들게 한달까요…….

●····· 선생님　　맞아요. 그것도 그림의 효과 가운데 하나예요.

●····· 윤수　　읽을 마음이 들게 만드는 것이요?

●····· 선생님　　네. 이 경우에는 삽화라고 하는 편이 적절하겠는데,

**[그림 7-5] 어느 쪽이 좋은가?**

**A**

여러분은 자전거로 어디를 달리고 있습니까? 도로교통법에서는 인도가 있는 도로에서 자전거는 차도로 통행해야 한다고 정하고 있습니다. 인도를 통행하다 적발되면 도로교통법 위반으로 과태료가 부과될 수 있습니다.

**B**

여러분은 자전거로 어디를 달리고 있습니까? 도로교통법에서는 인도가 있는 도로에서 자전거는 차도로 통행해야 한다고 정하고 있습니다. 인도를 통행하다 적발되면 도로교통법 위반으로 과태료가 부과될 수 있습니다.

그림에는 독자의 주의를 끌거나 '읽고 싶다'는 마음을 불러일으키는 효과가 있어요. 동네에 붙은 포스터나 광고처럼 '누군가 꼭 읽어 줬으면 좋겠다!' 싶은 것에는 그림이 들어가 있는 경우가 많죠. 이는 도표나 삽화로 눈길을 끌어서 읽고 싶은 마음이 생기게끔 하려는 장치예요.

윤수    제가 지금까지 '그림이 있으면 좋다'고 생각했던 건이 효과가 크기 때문인지도 모르겠어요.

선생님    특히 멋진 삽화가 있으면 '읽고 싶다'는 마음이 들죠. 이해해요.

하지만 그림 7-5처럼 '내용 이해와 특별히 관계가 없는 그림'이 있을 때는 이해를 방해하기도 하니까 주의해야 해요.

윤수    네? 그림이 있는 게 역효과를 가져온다고요?

선생님    그래요. '그림에는 주의를 끄는 효과가 있다'고 했죠?

윤수    네, 그러니까 더 읽고 싶어지겠죠.

선생님    주의 깊게 글을 읽었으면 하는데 바로 옆에 정말 멋진 삽화가 있다면 어떻게 될까요?

윤수    아……, 삽화만 보고 제대로 읽지 않는다든가…….

선생님    그런 일이 일어나겠죠.

윤수    음, 그런 부작용이 있군요. 말하자면 삽화만 기억나는 책 말이군요……! 앗, 작가 선생님, 죄송합니다!

**선생님** 그게 삽화가 가진 효과니까 어쩔 수 없죠. 분명 멋진 삽화는 모두에게 '읽고 싶은 마음'을 불러일으키지만, 지나치게 멋지다든가 내용과 관계없는 정보에만 눈길이 가게 만들면 본래의 목적을 달성할 수 없어요.

**윤수** 그림 사용법이 의외로 어렵네요.

**선생님** 뭐든 용법과 용량에 주의해야 한답니다!


## 멀티미디어도 마찬가지

**선생님** 지금까지 '종이에 인쇄된 책'을 가정해서 이야기했는데, 최근에는 컴퓨터나 태블릿을 이용해서 디지털로 글을 읽는 경우도 많아요. 테크놀로지를 사용해서 다양한 표현을 구사하는 것을 '멀티미디어'라고 불러요. '멀티'란 여러 개의, '미디어'는 전달 수단이라는 의미인데, 종이에 인쇄돼 있는 글과 그림도 넓은 의미에서는 '멀티미디어'지만, 음성과 애니메이션, 동영상이 조합된 것이 전형적인 멀티미디어라고 할 수 있어요.

그러고 보니 윤수는 동영상이 좋다고 했죠?

**윤수** 네. 책보다 동영상이 이해하기 훨씬 쉬운 것 같아요.

**선생님** 동영상의 장점이라면 우선 그림 7-2에서 봤던 '실제 상태와 이미지'를 그대로 사용한다는 점이겠죠.

윤수      그리고 움직임이나 각도를 달리했을 때 어떻게 보이는지도 알 수 있으니까 '그림이 많을수록 더 잘 이해할 수 있다'는 것을 실감해요.

선생님      예를 들어 지금 유행하는 컴퓨터 그래픽(CG)을 사용한 설명은 그러한 장점을 최대한 살린다고 할 수 있죠.

거기에 '멀티미디어'는 눈뿐만 아니라 귀도 사용한다는 것이 특징이에요. 이는 글과 그림을 조합해서 사용할 때 큰 효과가 있어요.

윤수      그 말씀은…… 종이에 인쇄된 책은 글을 읽고 그림을 본 후 다시 글을 읽는 식으로 눈이 왔다 갔다 해야 하지만, 멀티미디어는 글을 읽어 주는 음성을 들으면서 그림을 볼 수 있다는 뜻이네요.

선생님      맞아요. 그림을 보면서 동시에 설명을 들으니까 더 이해하기 좋죠.

윤수      동영상만으로는 안 된다고 전에 말씀하셨지만, 동영상도 잘만 사용하면 큰 도움이 되겠네요! 쉽게 이해할 수 있다면 더 좋잖아요.

선생님      네. 기본적으로 멀티미디어에는 이해를 돕는 효과가 있으니까 동영상도 잘 사용해야 해요. 단, 멀티미디어를 사용할 때에도 몇 가지 주의해야 할 점이 있어요.

**윤수**　역시 부작용 같은 게 있나요?

**선생님**　그래요. 우선 재미있는 캐릭터나 좋아하는 연예인이 나오면 그쪽에만 주의가 쏠려 중요한 내용에는 집중할 수 없게 되죠. 지나치게 멋진 삽화가 있을 때와 똑같은 일이 일어나요.

**윤수**　무슨 말씀이신지 확 와닿네요…….

**선생님**　그리고 멀티미디어가 잘 만들어지지 않으면 도리어 이해하기 어려운 경우도 있어요.

내레이션으로 이야기하는 내용과 어긋나는 애니메이션이 나온다든가, 글과 내레이션이 겹친다든가 하면 '글 설명과 그림 설명의 조합'이라는 장점을 충분히 발휘할 수 없어요. 각각 다른 것을 설명해서 전체상을 잘 파악하지 못한 채 끝나는 경우도 있고요.

**윤수**　음, 그럼 꼭 동영상이고 멀티미디어라서 좋다고 할 수는 없겠네요. 눈을 사용하는 정보와 귀를 사용하는 정보를 잘 조합해야만 이해하기 쉬워질 테니까요.

**선생님**　네. 지금으로서는 동영상 사이트나 텔레비전 프로그램에서 사용하는 멀티미디어가 모두 좋다고 할 수는 없어요. 매우 잘 만들어진 것이 있는가 하면 오히려 부작용을 낳는 것도 있죠. 좋은 멀티미디어인가, 부적절한 멀티미디어인가를 '눈과

귀를 사용하게 하는 법' '내 주의가 어디로 쏠리는가'를 체크 포인트로 삼고, 가능한 한 좋은 것을 고르도록 합시다.

**윤수의 노트**

**그림의 효과**

① 필요한 정보를 찾기 쉽다.

② 정보의 위치 관계가 관계성을 나타낸다.

③ '읽을 마음'이 든다.


**그림을 사용할 때 주의할 점**

① 그림을 이해하는 데 필요한 지식이 없으면 소용이 없다!

② 그림이 지나치게 주의를 끌어서 이해를 방해하는 경우도 있다.

③ 멀티미디어는 눈을 사용하는 정보와 귀를 사용하는 정보가 잘 조합돼 있지 않으면 이해하기 어렵다.

# 제8장
# 독해력은 혼자
# 익혀야 할까?

## 내가 모른다는 것을 아는가? - 메타 인지

🙂 ····· 선생님 　안녕하세요. 과제는 잘하고 있어요? 윤수와 은하가
'열심히 책을 읽어 보겠다'라고 하던데.

🙂 ····· 세희 　윤수와 은하가 의욕을 보여서 다행이지만…… 은하
가 혼자 있으면 잠이 온다고 해서 걱정이에요. 그럴 때 같이 책
을 읽을까 하고 생각했는데, 별로 좋은 방법이 아닌 듯도 하
고…….

🙂 ····· 선생님 　왜 '좋지 않다'고 생각했어요?

🙂 ····· 세희 　솔직히 책은 혼자 집중해서 조용히 읽어야 하는 느

낌이라, 친구와 시끌벅적하게 떠들면서 읽는 게 이상해서요.

선생님 　친구와 함께 글을 읽는 건 몇 가지 효과가 있어요. 첫 번째가 '즐겁다'예요. 친구와 있으면 뭘 해도 즐겁잖아요. 하지만 둘이 이야기 나누는 데만 열중하다가 겨우 읽고 싶어진 책에 눈길도 주지 않는다면 독해력 향상으로 이어지지는 않겠죠.

세희 　맞아요. 전 그게 좀 걱정이에요. 은하와 수다를 떨면 즐거우니까요.

선생님 　그걸 방지하려면 요령이 있어야 해요. 친구와 같이 읽는 건 독해력을 높이는 아주 효과적인 연습이 돼요. 어떻게 하느냐에 따라 혼자 읽는 것 이상으로 독해력을 향상할 수 있어요.

세희 　그러면 은하랑 윤수랑 해 볼래요. 같이 잘 읽는 방법이 있나요?

선생님 　네, '메타 인지'라는 것이 있죠.

세희 　메타 인지요? 메타?

선생님 　메타는 '한 단계 위의'라는 의미이고, 인지는 '지적 활동'을 뜻해요.

　이 두 가지를 합쳐서 '메타 인지'라고 해요. 자신의 지적 활동을 한 단계 위에서 파악하는 뇌의 움직임을 가리키는 말이에요. 사람의 지적 활동에는 실제 과제 해결에 해당하는 '인지 차원'

활동과 그 인지 차원의 활동을 감시 및 제어하는 '메타 차원'의 활동이 있다고 해요. 메타 인지는 메타 차원에서의 활동을 가리키는 말이죠(Nelson&Narens, 1994).

세희　자신의 지적 활동을 감시하고 제어한다는 건 어떤 뜻인가요? 잘 모르겠어요…….

선생님　지금 세희가 '잘 모르겠어요'라고 했죠? 그것도 메타 인지예요. 내가 무엇을 이해할 수 없다는 것을 스스로 파악하고 있다는 뜻이니까요. 이해하려고 하는 것이 '인지 차원', 그것이 잘되지 않음을 발견하는 것이 '메타 차원'이에요.

이것은 보통 공부하고 있을 때도 작동해요. 예를 들면 수학 문제를 풀 때 식을 세우거나 계산하는 건 '인지 차원'의 활동이에요. 한편 그 인지 차원의 활동이 잘 이루어지는가, 이해하는가, '아, 뭔가 이상하다' 하고 깨닫는 역할이 '메타 차원'의 활동, 메타 인지의 감시 작용이에요.

세희　음, 운동장에서 경기를 하는 선수와 감독 같은 관계인가요(그림 8-1)? 공을 갖고 축구 경기를 하는 건 선수지만, '저쪽 공간을 잘 활용하지 못하는군' '좌측의 압박이 강하군' 하고 생각하는 사람은 감독이니까 선수가 '인지 차원'이고 감독이 '메타 차원'의 활동을 하는 것이겠네요.

선생님　좋은 비유예요. 메타 인지의 한 가지 작용은 지금까

**[그림 8-1] 메타 인지를 축구에 비유하다**

감독=메타 차원

선수=인지 차원

지 이야기해 왔던 감시, 이해하지 못하는 부분의 확인이에요. 어떤 문제를 해결하거나 이해하려고 할 때 잘되지 않는 경우가 있죠? 그때 초반 단계에서 '뭔가 이상하다'고 깨닫는 게 중요해요. 공부하면서 아직 제대로 이해하지 못했는데 '좋아, 이제 다 이해했어. 완벽해!'라고 생각하면 곤란하겠죠?

또 다른 작용은 확인 결과를 받아들이고 '또 한번 해 보자'라든가 '천천히 해 보자'라고 전략을 다시 세우는 활동으로서, 이것을 '컨트롤'이라고 불러요. 축구 경기를 예로 들자면, 감독이 '오늘은 ○○의 움직임이 좋지 않으니 교체할까'라든가 '좀 더 우측 사이드를 활용하자'라고 작전을 변경하는 것에 해당해요. 물론 확인 결과에 문제가 없다면 작전을 바꿀 필요 없이 '이대로 계속 진행하자'라고 컨트롤할 수도 있어요.

　이렇게 스포츠든, 독서든 현재 상태를 확실히 파악하는 것, 이를 개선하기 위한 전략을 실행하는 것이 중요해요. 하지만 인지 차원의 활동만으로도 버거울 때는 메타 인지가 잘 작동하지 않기도 해요.

🙍 ····· 세희　　　그렇다면 메타 인지는 호랑이 감독님처럼 엄하게 감시해야겠네요!

🙎 ····· 선생님　　　네, 하지만 여기에는 두 가지 문제가 있어요.

　우선 메타 인지는 기본적으로 허술해요. 사실 우리 스스로 이해하지 못한 것을 놓치는 경우가 많아요. 우리가 '이해했다고 착각하는 것(실제로는 이해하지 못했지만)'은 메타 인지가 잘 작동하지 않았기 때문이에요. 감독의 확인이 허술해지기 쉬운 거죠.

🙍 ····· 세희　　　메타 인지가 애매하게 작동할 때도 있겠어요. 문제를 풀 수 없어서 선생님에게 질문했더니 '어디를 모르겠니?'라고 물어보셨을 때 '뭔지 모르겠지만 일단 다 모르겠어요!'라고 대답하기도 하잖아요. 일단 '잘 모르겠다'는 건 알겠는데 '무엇을 모르는지 모르겠다' 싶을 때 말이에요. '잘 모르겠다'는 사실은 확인할 수 있지만, 메타 인지가 잘 작동하는가 하고 묻는다

면 좀 부족하다고 생각해요.

🧑‍🏫 ····· 선생님     그렇죠. 책을 읽을 때도 가능하다면 어떤 부분이 이해하기 어려운지 분명히 파악해야겠죠.

메타 인지가 어려운 또 한 가지 이유는 인지 차원과 메타 차원 양쪽의 활동을 혼자 해야 하기 때문이에요.

👧 ····· 세희     즉, 혼자 경기도 하고 감독도 해야 하는 거네요. 정말 어렵겠어요.

🧑‍🏫 ····· 선생님     읽기를 할 때도 마찬가지예요.

글을 읽을 때 메타 인지가 작동한다는 건 머릿속에서 연결고리를 만드는 동시에 그 연결 고리가 끊겼다든가 꼬인 부분이 없는가를 확인하는 작업을 한다는 뜻이에요.

👧 ····· 세희     연결 고리를 만드는 게 '인지 차원'이고, 끊긴 데나 꼬인 데가 없는지 확인하는 게 '메타 차원'이네요!

🧑‍🏫 ····· 선생님     맞아요. 그런데 양쪽을 동시에 하니까 나도 모르게 끊긴 데나 꼬인 데를 놓쳐요.

👧 ····· 세희     음, 읽어도 이해하지 못할 때는 '무슨 이야기인지 잘 모르겠어'라는 생각만 들 것 같은데요. 그렇지 않나요?

🧑‍🏫 ····· 선생님     그러면 다음과 같은 글로 시험해 봅시다. 이 글을 읽고 어딘가 이상하다, 잘 모르겠다는 부분이 있나요?

모든 개미는 몇 가지 공통점이 있습니다. 우선 코가 없습니다. 또 놀랄 만큼 힘이 셉니다. 체중의 몇 배나 되는 무거운 것을 나를 수 있습니다. 때로는 자신들의 둥지에서 아주 멀리 떨어진 깊은 곳까지 먹이를 구하러 갑니다. 너무 멀리 가면 돌아올 길을 찾을 수 없습니다. 그래서 둥지에 돌아올 길을 찾는 특별한 방법을 씁니다. 가는 길목마다 몸에서 독특한 화학물질을 내뿜는 것입니다. 이는 눈에 보이지 않지만 특유의 냄새가 납니다. 이 냄새를 맡으면 길을 헤매지 않고 집으로 돌아올 수 있습니다.

(Markman, 1979를 바탕으로 작성)

세희     네? 음, 딱히 없는데요. 이 글은 별로 어렵지도 않고……. 이해를 못 하는 부분도 특별히 없었어요.

선생님     세희, 그러면 개미는 어떻게 집으로 돌아오나요?

세희     네? 냄새를 따라서 돌아온다고 쓰였어요.

선생님     어떻게 해서 냄새를 맡나요?

세희     아마도 코로……. 하지만 '코가 없습니다'라고 적혀 있었어요. 응? 코가 아닌 다른 기관이 냄새를 감지할까요? 아마도 그렇겠지요.

선생님     그렇게 쓰였나요?

세희     아니요…….

맞아요. 그런 내용은 없었으니까 '개미가 어떻게 냄새를 맡는가'는 알 수 없죠. '냄새를 맡으며 돌아옵니다'라니, 어떻게 그럴 수 있는지 따지고 싶어지는 대목이죠…….

**세희** 그러고 보니 따지지 못하고 넘어갔네요. 그런데 이것도 메타 인지인가요?

**선생님** 이 글을 읽고 '제대로 정보를 연결하려 했다면 연결 고리가 없는 걸 깨달았을' 거예요. 연결이 없음을 깨닫지 못했다는 건 '메타 인지의 실패'라고 생각해도 되겠죠. 읽으면서 '연결 고리가 없지만 아마 이런 뜻이겠지' 하고 추론해서 연결을 이을 수도 있는데, 그때는 '메타 인지의 실패'라고 하지 않아요. 세희가 읽으면서 그렇게 생각했나요?

**세희** 아니요……. 전혀 깨닫지 못했어요. 선생님이 물어보셔서 '아, 그러고 보니' 하는 생각이 들었으니까요…….

**선생님** 메타 인지 실패네요.

**세희** 네.

## 친구와 함께 읽기의 장점

**세희** 음, 그래서 메타 인지가 중요하군요. 이해하지 못한 채 있으면 곤란하잖아요. 어떻게 하면 좋을까요?

선생님 　 바로 여기서 친구가 등장해야 해요.

세희 　 친구가 있으면 메타 인지가 더 잘 작동하나요?

선생님 　 어떤 의미에서는 그래요. 책을 읽을 때 메타 인지가 작동하기 어려운 이유는 '연결 고리 만들기'와 '끊긴 데나 꼬인 곳 확인'을 동시에 해야 하기 때문이에요. 그런데 이를 방지하는 두 가지 방법이 있어요.

　 　 첫 번째 방법은 친구나 동료가 핵심 열쇠가 돼요.

세희 　 메타 인지가 중요한 것은 앞서 이야기한 '친구가 있으면 의욕이 생긴다는 것'만은 아닌가요?

선생님 　 그래요. 친구를 통해 메타 인지를 높이자는 건 친구를 내 입맛에 맞게 이용하라는 뜻이 아니에요. 이는 기브 앤드 테이크나 윈윈(win-win)처럼 서로가 서로에게 메타 인지를 높이는 연습을 하자는 말이에요.

세희 　 정말 그럴 수 있나요?

선생님 　 친구가 '메타 인지 역할'을 해 주는 게 중요하죠.

세희 　 무슨 뜻인가요?

선생님 　 친구가 '가르쳐 달라'고 부탁했을 때 다 이해했다고 생각하고 설명했는데 제대로 못 해서 헤맨 경우가 있지 않나요?

세희      있어요, 있어요! 그런 게 바로 '이해했다는 착각'이죠?

선생님      네, 적어도 연결이 애매한 부분이 있다고 볼 수 있어요. 그러니 친구와 읽기를 할 때 이런 상황을 일부러 만들어 보는 거예요.

세희      내가 읽고 이해했다고 생각한 것을 친구에게 설명하는 건가요?

선생님      맞아요. 그때 친구에게 '내 설명에 이해하기 힘든 부분이 없는지 꼼꼼하게 확인해 줘' 하고 부탁하는 게 중요해요. 보통 친구가 열심히 설명하는 도중에 '이 부분을 모르겠어' '그건 어떻게 된 거지?' 하고 말하기가 어려우니까요. 그래서 '나의 메타 인지자로서 꼭 꼼꼼하게 확인해 줘' 하고 부탁하는 게 좋아요.

세희      알겠어요. 그렇게 해서 친구가 '모르겠어'라고 말한 부분에 대해 내가 제대로 답할 수 있는가를 확인하는 거네요. 친구의 '모르겠어'라는 말이 메타 인지의 확인이고요…….

선생님      그렇죠. 내가 이해했다고 생각했던 부분을 친구가 지적해 주면 그 부분을 다시 공부하거나 읽을 수 있죠.
          이러한 연습법을 '상호 설명'이라고 불러요(清河·犬塚, 2003). 상호 설명 단계에서는 친구와 짝을 이뤄 '설명 역할'과 '질문 역할'

을 교대하면서 글을 읽어요(그림 8-2).

**세희** 교대로 한다면 두 사람 다 설명과 메타 인지를 연습할 수 있어 좋겠어요.

**선생님** 네. 설명 역할은 이해한 부분을 제대로 설명할 수 있어야 하는데, 그렇게 하면 완벽하게 이해하지 못했거나 애매한 부분이 명확해져요.

그리고 상호 설명은 누군가에게 메타 인지 역할을 영원히 맡기는 연습이 아니라 스스로 얼마나 이해했는지를 확인할 수 있게 하는 연습이에요. 그러므로 질문 역할은 '상대방이 더 잘 이해할 수 있도록 해 주는' 것뿐만 아니라 '내가 읽을 때도 메타 인지가 잘 작동하도록 하기 위한' 연습의 의미도 있어요.

**세희** 내가 읽었을 때 이해했다고 착각했다가 상대방이 설명하면 부족한 부분이 보일 때도 있겠네요.

**선생님** 그렇겠죠. 읽기를 잘 못하는 사람들끼리 있으면 처음에는 설명이나 질문하는 방법을 몰라서 헤매는 경우도 있어요. 그럴 때는 '평가자'로서 설명이 좋았던 부분이나 질문을 도와주는 사람이 있으면 좋겠죠.

**세희** 언니에게 '평가 역할'을 부탁해야겠어요. 언니가 학교 선생님이 되고 싶다고 했으니까 이것도 좋은 연습이 될 것 같아요…….

**[그림 8-2]** 상호 설명을 하는 법(清河·犬塚, 2003을 바탕으로 작성)

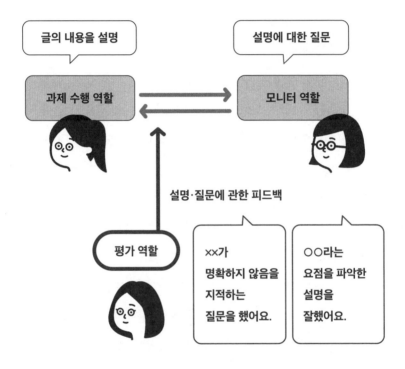

🙂 ····· 선생님 　그것도 좋아요! '평가자'에게 가르침을 받고 잘되면 친구들끼리 읽는 연습을 할 수 있겠네요.


## 친구와 읽기 전략 연습하기


🙂 ····· 선생님 　또 한 가지는 읽기 전략을 잘 쓰기 위한 연습을 친구와 해 보는 거예요.

🙂 ····· 세희 　음, 전략이 '하는 방법'이라는 뜻이었죠(제5장 참조)? 읽을 때도 그런 전략을 활용하라는 뜻인가요?

🙂 ····· 선생님 　메타 인지와 직접 연관되는 전략도 있어요. 예를 들어 '이해했는지 확인하는 질문을 때때로 자신에게 한다'는 방법이 있었죠(제5장 참조)? 이러한 전략을 사용하여 읽으면 글을 더 잘 이해할 수 있다는 사실이 밝혀졌어요. 그런데 여러분은 별로 사용하지 않네요……. 확인 전략이 얼마나 도움이 되는데…….

🙂 ····· 세희 　선생님, 울지 마세요……! 확인 전략, 열심히 연습할게요!

🙂 ····· 선생님 　아, 확인 전략만이 아니라 전략을 잘 쓰려면 메타 인지가 중요해요.

🙂 ····· 세희 　선생님이 순식간에 눈물을 그치셨어! 그런데 말씀을

듣고 보니 허들이 더 높아진 느낌인데, 어떤 뜻인가요?

**····· 선생님**　어떤 전략이든 잘 사용하면 반드시 도움이 돼요. 하지만 '언제, 어떤 식으로 어느 전략을 사용할지'는 읽기를 어려워하는 사람은 잘 몰라서 활용하지 못하기도 해요.

　요점에 밑줄을 긋는 전략을 예로 들자면, 별로 중요하지 않은 부분에 밑줄을 긋거나 전부 중요하다고 생각해서 글 대부분에 밑줄을 긋기도 하죠.

**····· 세희**　아, 얼마 전에 은하가 그랬어요. 글 대부분에 밑줄을 그었거든요. '전부 다 중요한 것 같아서'라고 하더라고요.

**····· 선생님**　그렇죠. 그렇게 글 전체에 밑줄을 그으면 도리어 혼란스러워져서 '뭐지? 밑줄을 그으라고 해서 그었는데 하나도 도움이 안 되네' 하고 느끼겠죠.

**····· 세희**　은하야, 선생님한테 다 들켰어······.

**····· 선생님**　아, 그렇지만 '이 전략은 별로 도움이 안 되네'라고 깨닫는 것도 메타 인지예요. 그래서 메타 인지를 작동한 결과, 아예 전략을 사용하지 못하게 되는 역효과도 발생해요. 이를 막으려면 어떻게 하면 좋을까요?

**····· 세희**　우리 둘이 웃으면서 "응? 왜 이렇게 됐지?" 하고 이야기하는 사이에 은하가 "나는 중요하다고 생각했는데 네 말을 들으니까 그다지 중요하지 않은 것 같아" 하고 깨닫더라고요.

이때도 "그건 무슨 내용이야?" 하고 제가 질문하고, 은하가 설명하면서 "지금 밑줄을 그은 곳의 절반밖에 활용하지 않았어"라고 말했거든요. 그래서 둘이서 "쓸데없이 밑줄만 많이 그었구나" 하고 웃었어요.

····· **선생님**　놀랍네요! 바로 그런 대화가 중요해요. 은하는 전략을 사용한다, 그 결과를 확인한다, 어떻게 하면 좋은지 대책을 생각한다는 3단계로 전략 연습을 했어요(그림 8-3). '전략 사용법'과 '효과'에 대해 메타 인지를 작동해서 전략을 더 효과적으로 사용하는 것은 아주 좋은 전략 활용 연습이에요.

····· **세희**　그렇군요. 하지만 읽기 전략은 아주 많잖아요. 어느 것부터 시작해야 좋을까요? 저는 '확인 전략'이나 '지식의 활용'을 잘 쓰지 않는데, 이런 걸 의식적으로 해야 하나요? 전략 연습을 하는 좋은 순서가 있나요?

····· **선생님**　세희처럼 '난 이걸 해 보지 않았구나' 하는 게 있다면 그 연습을 해 보면 좋죠.

이건 나의 경험에서 나온 추측인데요, 무엇부터 시작해야 할지 모르겠다면 요점 파악 전략(제5장 참조)부터 시작해 보면 좋을 것 같아요. 요점 파악 전략을 사용하면서 '이해가 잘되지 않는다' 싶을 때 '명확화 전략'을 사용하고, 어느 정도 읽었다면 '확인 전략'을 의식하면서 읽으면 독해력이 꽤 늘 거예요.

**[그림 8-3] 읽기 전략을 사용하는 연습과 메타 인지**

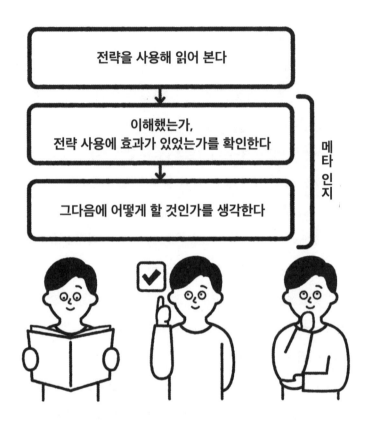

전략을 사용해 읽어 본다

이해했는가,
전략 사용에 효과가 있었는가를 확인한다

그다음에 어떻게 할 것인가를 생각한다

메타 인지

전략을 잘 사용하려면, 메타 인지를 작동하는 게 중요하다.

친구와 함께할 수 있다면 각자 요약문을 만들어서 '거기가 중요했어?'라든가 '이 부분을 넣는 게 좋았을까?' 하고 서로 이야기해 보면 좋아요. '중요한 부분을 좁힐 수 없다, 전부 중요한 것 같다' 싶을 때는 '한 문단에서 한 문장만 남겨야 한다면 어느 문장을 남기는 게 좋을까'를 생각해 보기를 권해요. 그러면 요점을 점점 잘 파악하게 될 거예요.

 ····· 세희   그렇군요. 친구와 함께 '읽기 전략의 달인'이 되는 길을 걷는 거네요!


**세희의 노트**

◎ 독해력을 높이려면 이해했는가를 확인하는 '메타 인지'가 중요하다. 그렇지만 메타 인지는 허술해지기 쉽다.

◎ 메타 인지를 단련하는 연습이 필요→친구에게 설명하거나 친구가 질문해 주면 좋다.

◎ 읽기 전략 연습도 친구와 함께하면 메타 인지가 작동하기 쉽다.

# PART · 3

# '읽는' 것만이
# 독해가 아니다

## 제9장
## 글로 쓰인 건
## 모두 진실일까?

### 진실인지 생각하며 읽는 '비판적 독해'

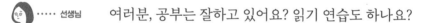

····· 선생님　여러분, 공부는 잘하고 있어요? 읽기 연습도 하나요?

····· 세희　선생님, 안녕하세요! 오셨네요! 저희 열심히 하고 있어요. 그런데 지금은······ 좀 싸우고 있어요.

····· 은하　윤수가 엉뚱한 소리를 하는걸요. 뭔가 잘못 읽은 것 같아요.

····· 윤수　아니야, 그렇게 쓰였다니까!

····· 은하　분명 윤수 너의 설명이 잘못됐을 거야. 제대로 읽었어?

👩 ····· 선생님 　어디 봅시다······. 음, 윤수의 설명이 맞네요.

👧 ····· 세희 　네? 이상하네. 제가 읽은 것과 달라요. 분명 윤수는 인터넷 기사를 읽었을 거예요. 저는 제대로 된 책을 읽었고요!

👦 ····· 윤수 　또 시작이야? 만화에 대해 배웠을 때를 생각해 봐. 책이라고 다 대단하지는 않잖아. 인터넷에도 좋은 내용이 있기도 해! 아마도······.

👩 ····· 선생님 　그렇군요. 세희는 '책에 있으면 진실이지만, 인터넷에 있는 내용은 진실이 아닐 수도 있다'라고 생각하는군요. 윤수 의견은 '책에도, 인터넷에도 모두 진실이 쓰여 있다'는 거죠?

👦 ····· 윤수 　네, 맞아요. 인터넷을 신뢰할 수 없다면 조사 학습은 못 할 거예요.

👧 ····· 은하 　음, 저는 '둘 다 거짓'이라고 보는 쪽이에요.

👧 ····· 세희 　무슨 말이야?

👧 ····· 은하 　잘 모르겠지만 책도, 인터넷도 믿을 수 있는 것과 그렇지 못한 것이 있지 않을까? 진실이 쓰인 책이 있는가 하면 거짓이 쓰인 책도 있을 수 있잖아? 인터넷도 마찬가지고.

👩 ····· 선생님 　세 사람이 각자 '진실'과 '거짓'이라는 말을 썼는데, 과연 '진실'이란 무엇일까요? 거꾸로 '거짓'이란 또 무엇일까요?

👦 ····· 윤수 　왠지 철학적이네요. 실제로 일어나지 않은 일은 쓰지 않는 게 '진실' 아닐까요?

선생님 ····· 그렇군요. 그림 9-1과 같은 상황에 대해 쓴 신문기사의 표현을 보고 생각해 봅시다.

찬성파가 현수막과 플래카드를 들고 법안의 조기 가결을 호소했다.

이것은 '진실'인가요?

은하 ····· 분명 찬성 플래카드가 있으니까 거짓은 아니에요······. 그래도 반대파가 많은데 그에 대해서는 쓰지 않았으니 거짓 기사 아닌가요?

윤수 ····· 맞아요. 앞서 '없었던 일을 쓰는 것'이 거짓이라고 했지만, 은하의 말처럼 이 경우에는 있었던 일을 쓰지 않았으니

[그림 9-1] 어떻게 써야 '진실'이 되는가

찬성파가 현수막과 플래카드를 들고
법안의 조기 가결을 호소했다.

'거짓'이 아닐까요? 그런데 거짓이라고 하기에 상황이 애매하네요.

세희      말하지 않은 것도 있지만 조작하지도 않았어요. 거짓인지 진실인지 잘 모르겠어요.

선생님      그렇죠. 거짓과 진실의 경계가 분명치 않은 경우도 있어요. 그림 9-1에서는 법안에 대한 찬성과 반대가 나뉘었죠. 많은 사람의 생활에 큰 의미를 갖는 법안이라고 추측할 수 있어요. 이런 경우에는 다른 사람이 어떤 식으로 생각하는가, 지금 어떤 상황인가를 정확히 파악하고 싶어져요. 그렇게 생각하면 신문기사의 표현이 '다른 사람의 생각'과 '지금의 상황'을 올바르게 반영한다고 할 수 없어요. 분명 있지도 않은 일을 조작하지는 않아서 '거짓은 아니다'라고 말할 수 있지만, '상황을 올바르게 반영한다고 말할 수는 없다'는 점에서는 '진실이 아니다'라고 할 수 있어요.

윤수      진실도, 거짓도 아닌가요…….

선생님      다 같이 살펴봤듯이 '쓰인 것을 제대로 이해'하는 것뿐만 아니라 '여기에 쓰인 게 진실일까' 하는 의문을 품고 근거에 비추어서 생각하는 것을 '비판적 사고'라고 해요. 또한 그렇게 생각하면서 읽는 것을 '비판적 독해'라고 해요. 이것도 중요한 '독해'예요.

····· 윤수　'비판적'이라고 하면 불만을 말하는 느낌이 들어요. 좀 더 친절한 마음을 품고 살아가고 싶은데…….

····· 선생님　물론 '비판'이라는 단어에는 반대한다는 인상이 있죠. 하지만 여기서 '비판'은 어떤 기준이나 근거에 기초해서 판단한다는 뜻이에요. 무조건 불만을 말한다든가 퇴짜를 놓는 게 아니죠. 즉, 쓰인 내용을 무작정 받아들이지 않고 내 머리로 생각해서 판단하자는 사고법이에요.

····· 세희　깊이 생각해 보지도 않고 '그냥 싫어! 마음에 안 들어!'라고 한다든가 무턱대고 반대만 하는 건, 근거나 기준이 없으니까 '비판적 사고'가 아니겠네요. 일단 반대만 하는 건 깊이 생각하지 않았다는 증거인지도 모르겠어요.

## 비판적으로 읽기 위한 전략

····· 세희　저는 '비판적 독해'를 잘 못하는 것 같아요. 책에 있으면 '아, 그렇구나' 하면서 그냥 받아들이거든요.

····· 선생님　중요한 주제에 대해 읽을 때는 의식적으로 비판적 독해를 하고 싶어지죠. 비판적 독해를 위한 전략을 몇 가지 살펴봅시다.

····· **윤수**  전략이란 '하는 방법'이라는 의미니까 '비판적 독해 전략'은 '비판적으로 생각하면서 글을 읽는 방법'이란 뜻이죠?

····· **선생님**  맞아요. 여기서는 네 가지로 나누어 생각해 봅시다.

### 1 언어 사용법에 주의한다

····· **선생님**  우선 '진실'의 기준을 '상황을 올바로 반영하는가'로 정해 놓고 이야기를 해 봐요.

····· **은하**  잠시만요, 선생님. 그런 식으로 단어의 의미를 마음 대로 정해도 되나요? '진실'의 의미를 매번 바꾸면 안 될 것 같은데요.

····· **선생님**  매우 중요한 질문이에요. 사실은 그게 비판적 독해 를 위한 전략의 한 가지인 '언어 사용법에 주의한다'예요.

····· **세희**  무슨 뜻인가요?

····· **선생님**  '진실'이라는 단어의 의미가 그때그때 임시로 정해지 지 않나 하고 은하가 지적했죠. 이는 '언어 사용법이 적절한지 생각하라'는 전략을 사용했다는 뜻이에요.

····· **윤수**  아하, 그렇군요. 은하야, 너 대단하다!

····· **선생님**  '단어의 쓰임새가 이상하지 않은지 생각하라' '단어 의 뜻이 평소 사용하는 것에서 달라지지 않았는지 주의하라'로 바꾸어 말할 수도 있어요. 이는 중요한 비판적 독해 방법이에

요. 문장에서 평소와 다른 방식으로 단어를 쓴다든지, 단어의 의미를 슬쩍 바꾸어 그 화제에 대한 독자의 인상이나 이해에 영향을 미칠 수 있어요.

예를 들어 다음과 같은 조사 보고서를 비교해 보고 어떠한 인상을 받았나요? 특히 밑줄 그은 표현에 주목해 보세요.

**A** ○월 ×일 발매한 잡지 《건강한 삶(Healthy Life)》은 보건복지부의 보고서를 인용한 다음, 혈중 콜레스테롤 농도를 낮추기 위한 ◎◎건강기능식품을 소개하고 아침에 200ml의 물과 함께 ◎◎건강기능식품을 섭취하면 콜레스테롤 수치가 내려간다는 <u>허위 기사</u>를 실었다.

**B** ○월 ×일 발매한 잡지 《건강한 삶(Healthy Life)》에서는 보건복지부의 보고서를 인용하여 혈중 콜레스테롤 농도를 낮추는 것이 중요하다고 지적한다. 하지만 기사에는 <u>사실과 다른 부분</u>이 몇 가지 들어 있다. 예를 들어 ◎◎건강기능식품의 경우, 아침에 200ml의 물과 함께 섭취하면 콜레스테롤 수치가 낮아진다고 하는데 이는 개인차가 매우 커서 모든 사람에게 효과적이라고 할 수는 없다.

⋯⋯ 세희 　　A를 읽으면서 '《건강한 삶》은 말도 안 되는 거짓말을 쓰는 잡지야!' 하고 생각했는데, B를 읽으면 그렇게 나쁜 잡지

가 아닌 것 같아요.

**은하**　　하지만 A든 B든 이 잡지에 나온 ◎◎건강기능식품의 효과가 없다고 말하는 건 똑같아.

**윤수**　　'언어 사용법에 주의한다'는 전략을 활용해서 '허위'와 '사실과 다른 부분'에 주의해 보자. 은하의 말처럼 큰 맥락으로 보면 말하는 내용이 같지만, '사실과 다른 부분'이라고 하면 '일부러 그런 것은 아니지만 조사가 허술하다'라는 느낌이 들고, '허위'라고 하면 '작정하고 속이려 든다'는 거잖아. '언어 사용법' 때문에 잡지에 대한 인상이 꽤나 달라져.

**선생님**　　아까 윤수가 '비판적'이라고 하면 무조건 반대만 하는 느낌이니까 좀 더 친절하게…… 라고 했잖아요? 이렇게 A의 기사를 보고 《건강한 삶》이라는 잡지는 나쁜 잡지야!'라고 비판하기보다 비판적 독해 전략을 써서 '과연 허위라고 말할 만큼 나쁜 기사였을까?' '어쩌면 사실을 잘못 인식한 것이고 그렇게 나쁘지 않을지도 몰라'라고 한 번 더 생각하는 게 친절한 태도라고 할 수 있겠네요. 비판적 독해가 반드시 반대와 직결되지는 않죠.

**세희**　　그렇군요. 비판적 사고를 하는 게 오히려 넓은 마음으로 생각하는 것일 수도 있겠네요!

## 2 생략과 논리의 비약에 주의를 기울인다

👤 ····· 윤수 　앞서 든 예로 돌아가자면 '보건복지부의 보고서'도 신경이 쓰여요. A는 '보건복지부 보고서에는 ◎◎건강기능식품이 효과가 있다고 쓰였다'는 인상을 주는데, B는 '콜레스테롤 수치가 높은 것이 문제라고 쓰였다'고 하는 것 같거든요. 《건강한 삶》이 어느 쪽으로 썼을까요? B라면 상식적인 내용인데, A는 '보건복지부가 이렇게 말한다고 거짓말한다'는 느낌이 들어요.

👩 ····· 선생님 　예리하네요. 그 말대로예요. 두 가지 글쓰기를 비교해 보면 말뿐만 아니라 생략하는 방식도 달라요. 만약 B가 정확한 기술이라면…….

👤 ····· 윤수 　A는 '허위'라고 하면서 《건강한 삶》이라는 잡지에 대해 나쁜 인상을 주려고 했을까요?

👩 ····· 은하 　그렇다면 좀 무섭다……. A는 《건강한 삶》에 무슨 원한이라도 있을까……?

👩 ····· 선생님 　원한이 있는지는 모르겠지만, 아예 쓰지 않는 것이 쓰는 것 이상의 의미가 있을 때도 있죠. 이 경우는 어떠한 보고서인지를 언급하지 않음으로써 읽는 사람이 '이런 내용이 있겠구나' 하고 추측하게 만들어요. 읽는 사람이 연결 고리를 만들려고 하는 것을 역이용해서 자신들에게 유리한 방향으로 유도한다고 할 수 있어요. 이는 사실을 전달한다는 관점에서 보면

'좋은 서술'은 아니에요.

한편 억지로 연결 고리를 만드는 듯한 서술에도 주의해야 해요. 다음 문장을 살펴봅시다. 이 문장들의 내용이 참일까요?

① A는 육상 선수다. 그러므로 수영도 잘할 것이다.

② C는 안경을 쓴다. 분명 공부를 열심히 할 것이다.

**윤수** 아니요. 참이 아니에요! 왜 '그러므로'라고 썼을까요? 수영과 육상은 다르잖아요!

**은하** 아, 윤수는 수영을 못 하니까……. 그렇다고 해도 '그러므로'라고 쓸 수는 없다고 생각해요.

**세희** ②도 이상해. 근시는 유전이거든.

**선생님** 맞아요. 왜 '그러므로'라고 했을까 하는 의문이 생기죠. 이런 식으로 '연결되지 않는 것을 억지로 연결하는 것'을 '논리의 비약'이라고 불러요. 이처럼 익숙한 예라면 따져보기 쉽지만, 다음 예는 어떨까요?

③ 프랑스의 대학 입시는 긴 논문과 구두시험으로 치러진다. 한국처럼 객관식 시험이 중심인 입시는 시대와 맞지 않는다. 표현력과 커뮤니케이션을 더 중시하는 입시로 개혁해야 한다.

**세희** 저는 '맞는 말'이라고 생각했어요.

**은하** 응? 이상하지 않아? 왜 프랑스식 입시가 좋은지 전혀 설명돼 있지 않잖아. 왜 그다음에 '한국 입시는 시대에 맞지 않는다' 하고 이야기하지? 나는 이해할 수 없어.

**윤수**　　이 글은 '언어 사용법'도 문제인 듯해. '개혁'이라고 하면 '분명 좋은 일일 것이다'라는 느낌이 드는데, 여기서 입시를 바꾸는 게 정말로 좋은 일인지 설명하지 않아.

**선생님**　　은하가 지적했듯이 프랑스는 이러하다는 예를 든 후 그러므로 한국의 입시가 시대에 맞지 않는다는 부분에 논리의 비약이 있네요. 세희는 왜 '맞는 말'이라고 생각했어요?

**세희**　　잘 모르겠어요……. 은하처럼 생각하지 않고 '프랑스 방식이 왠지 좋은 것 같다'는 분위기에 휩쓸렸달까요. 윤수가 말했듯이 '개혁'은 무조건 좋다고 생각했나 봐요.

**선생님**　　짧은 글이지만 '왠지 좋을 것 같다는 메시지'가 있으면 논리의 비약이나 생략, 단어 사용에 대한 점검이 허술해지는 것 같네요.


### 3 다른 정보와 비교한다

**세희**　　그런데 《건강한 삶》의 예에서는 A와 B 둘을 비교할 수 있어서 A의 글이 좋지 않을지도 모른다는 가능성을 깨달았지만, A만 봤더라면 딱히 아무 생각도 못 했을 것 같아.

**윤수**　　맞아. 《건강한 삶》이라는 잡지는 나쁜 잡지야! 라고 생각하고 말았을 수도 있어.

**선생님** 맞아요. 사실 비판적 독해를 하려면 여러 정보원을 비교해 보는 게 아주 효과적이에요. 그러고 보니 이 이야기를 시작한 계기가 윤수와 세희가 읽은 내용에 차이가 있었기 때문이죠?

**은하** 맞아요. 어느 쪽이 진실인가를 이야기하고 있었어요.

**세희** 그렇구나! 서로 다르다는 게 긍정적일지도 몰라!

**윤수** 무슨 뜻이야?

**세희** 차이가 나기 때문에 '어쩌면 이건 진실이 아닐지도 모른다' 하고 알 수 있잖아.

**선생님** 그렇죠. 제8장의 '메타 인지'에서 살펴봤듯 우리는 쉽게 '이해했다는 착각'에 빠져요. 그러니 언어 사용법에 문제가 있거나, 생략이 있어도 '그럴지도 몰라. 다 이해했어' 하고 지나쳐 버리기가 쉬워요.

하지만 명백히 다른 두 가지가 있으면 지나칠 수 없겠죠.

**은하** 오히려 몇 가지 글을 읽어 봤는데 전부 같은 내용이 쓰여 있다면 진실이라고 확인할 수 있겠어요.

### 4 텍스트 밖에 있는 지식과 비교해서 모순을 찾아낸다

**선생님** 텍스트 안에서만이 아니라 텍스트 밖으로 눈을 돌리는 게 네 번째 포인트예요. '텍스트'는 일단 '글'이라고 생각해도 상관없어요. 우선 다음 글을 '비판적으로' 읽어 봅시다.

1999년에 출판된 『물은 답을 알고 있다』라는 책은 물이 든 병에 '고마워' '바보'라고 쓰인 종이를 붙이는 실험을 소개합니다. 그 결과, '고마워'라고 쓴 종이를 붙인 병의 물에서는 아름다운 육각형 결정을 촬영할 수 있었지만 '바보'라고 쓴 종이를 붙인 병의 물에서는 아름다운 결정을 촬영할 수 없었습니다. 이로부터 물이 인간의 말에 반응하여 그 형태를 바꾼다는 사실이 드러납니다. 우리도 말이 갖는 힘을 믿고 아름다운 말을 써야 할 것입니다.

…… **은하**   와, 신기하지 않아? 실험으로 인간뿐만 아니라 물에도 마음이 있다는 걸 보여 주는 좋은 이야기 같아. 아름다운 말을 써야 한다는 것도 '당연한' 말이잖아.

…… **세희**   아니야. 물에 마음이 있다는 것과 아름다운 말 사용은 별개의 이야기잖아. 그거야말로 앞서 이야기한 '논리의 비약'이야. 물의 결정이 아름답냐 아니냐로 어떻게 말의 좋고 나쁨이 정해질 수 있지?

…… **은하**   음, 하지만 내 할머니가 '고맙다고 말을 해 주면 꽃이 예쁘게 핀다'고 하셨어.

…… **윤수**   물이 말을 이해한다면 다른 데서도 그 차이가 드러

날 거야. 끓는점이 낮아져서 빨리 끓는다든가, 약산성이 된다든가. 사람이 주관적으로 봐서 '아름다운가 아닌가'로 판단할 수는 없어.

**은하** 그러고 보니 '고마워'라고 말하지 않아도 꽃은 아름답게 피긴 해…….

**윤수** 그렇지? 아름답냐 그렇지 않냐는 좀 엉터리 같은 기준 아냐?

**세희** 아, 지금 윤수가 이야기한 게 '텍스트 밖의 지식' 아닐까? 텍스트만 보면 문제가 없어 보이지만 상식적으로 생각하면 '그렇지 않다'는 생각이 든달까…….

**선생님** 맞아요. 지금 여러분은 텍스트만이 아니라 '일반적으로' 생각했을 때 그렇지 않다는 식으로 판단했죠. '일반적으로'라는 말에는 다양한 지식이 포함돼 있어요. 물의 성질, 일반적인 과학 법칙, 정보의 신뢰성, 경험, 가치 판단…….

'내용'을 비판적으로 읽는 것도 중요하지만, 그 내용이 '바깥' 세계의 정보와 모순되지 않는가를 생각해 보는 것도 중요해요 (표 9-1).

**윤수** 그런데 이런 예라면 우리가 가진 상식과 모순되는 걸 알 수 있지만, 좀 더 전문적인 이야기였다면 그냥 수긍하고 지나쳤을지도 몰라. 은하가 이미 그럴 뻔했잖아.

**[표 9-1] 세 사람의 추론 속에 포함돼 있는 '텍스트 바깥의 지식'**

| 물의 성질 | 온도가 낮아지면 언다, 결정(結晶)의 모양은 온도나 습도 등 다양한 조건의 영향을 받는다 |
|---|---|
| 일반적인 과학 법칙 | 자연은 인간이 결정한 자의적인 규칙에 따르지 않는다 |
| 정보의 신뢰성 | 지금까지 축적된 '상식'이 소규모 실험으로 얻은 부분적인 결과보다 신뢰할 수 있다 |
| 경험 | 말을 걸지 않아도 꽃은 아름답다 |
| 가치 판단 | 결정의 '아름다움'이란 무엇인가, 그것이 중요한 특징인가? |

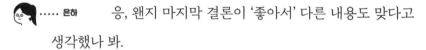

**····· 은하**    응, 왠지 마지막 결론이 '좋아서' 다른 내용도 맞다고 생각했나 봐.

**····· 선생님**    그렇죠. 앞서 나온 입시 개혁에 관한 글도 그랬는데, 외부의 정보와 일치하는 결론이 '좋다' 싶으면 그 전에 쓰인 내용도 다 맞다고 생각하기 쉬워요. 따라서 그렇게 하지 않도록 주의를 기울여 읽는 게 중요해요.

또 한 가지 중요한 점으로 윤수가 지적한 '지식'의 역할을 들수 있어요. 어떤 분야에 대해 잘 아는 사람일수록 독해에 쓸 수있는 정보가 많으니까 비판적 독해를 제대로 할 거라고 생각할수 있어요.

**은하**     예를 들어 의학적인 주제의 글이라면 의학에 정통한 사람, 의학자나 의사를 말하나요?

**선생님**     네. 그 영역의 상식, 예를 들어 의학이라면 '인간의 몸은 어떤 원리로 움직인다'는 지식이 있으니까 그 원리에 어긋나는 이야기는 '의심스럽게' 보고 판단을 보류할 수 있어요.

특히 과학적인 주제는 연구 방법에 관한 지식이 있는 것이 중요해요. '저 실험은 신뢰할 수 없다'라든가 '저런 조사를 했다면 신뢰해도 좋다'라는 판단을 내리는 데는 실험이나 조사에 대한 지식이 필요하겠죠.

앞서 나온 '물에 말이 전달되는가'라는 글에 대해 윤수가 '아름다운가 그렇지 않은가'라는 기준을 사용하는 문제점을 지적했죠? 이는 내용에 대한 비판이라기보다 '왜 자의적인 기준을 선택하는가'라는 방법에 대한 비판이었어요.

**은하**     설득력이 있는 말이었어요.

**윤수**     지금까지 이과 지식과 독해력은 관계가 없을 거라고 생각했는데 우리 주변에 있는 다양한 글을 읽을 때 이과 지식도 꽤 필요해 보여요.

**선생님**     맞아요. '있으면 좋은 지식'이 읽는 글에 따라 달라지니까 이과가 좋다, 문과가 낫다고 말할 수는 없어요. 하지만 이과 지식이 있으면 비판적 독해를 더 잘할 수 있는 글도 많아요.

····· 세희　　　읽기란 '책 내용을 제대로 받아들이는 것'인 줄만 알 았어요. 그런데 적힌 글의 내용을 스스로 생각해서 판단하거나 내가 알고 있는 내용과 비교해서 '이해가 가지 않는 것' '판단을 보류하기로 결정하는 것'도 독해에서 중요하겠군요.

**은하의 노트**

◎ 글로 쓰인 모든 내용이 반드시 옳다고 할 수는 없다. 스스로 생 각하는 비판적 독해가 중요하다!

◎ 비판적 독해를 위한 전략의 네 가지 포인트

　① 단어를 마음대로 사용하지 않는가?

　② 생략이나 논리의 비약으로 유도하지 않는가?

　③ 다른 책과 비교해 보자.

　④ 내가 알고 있는 내용과 비교해 보자.

## 제10장
## 선입관은 없애야 할까?

### 선입관이 이해를 방해한다

세희      은하야, 너는 선입관을 좀 더 버려야만 한다니까!

은하      뭐? 선생님은 '알고 있는 지식과 연결하는 것이 중요하다!'고 말씀하셨어!

세희      선생님! 좀 도와주세요!

선생님      알고 있는 내용과 연결하는 건 중요해요. 그러지 않으면 머리에 남지 않으니까요.

은하      네, 맞아요. 기억의 구조가 그렇게 돼 있다니까.

세희      잘난 척하기야? 나도 알아. 톱다운 이해 과정을 배웠는걸.

그래도 궁금해. 잘못된 지식이나 관계없는 내용과 연결해 버리면 어떻게 돼? 그걸 '이해해서 연결했다'고 말할 수 있을까?

····· 선생님 　　선입관에도 종류가 있어요. 보통 '선입관'이라고 하면 굳어진 의견으로 이해하는데, 좀 더 넓게 보면 원래 가진 지식이나 신념이라고 표현할 수 있죠. 이것이 글을 읽을 때 틀로서 작용해요.

결론부터 말하자면 어떤 지식이나 신념을 가지고 글을 읽느냐가 매우 중요해서 이에 따라 이해가 달라지기도 해요. 즉, 어떤 선입관이 있는지가 이해에 영향을 미치죠. 적절한 지식의 틀을 사용하지 않으면 이해할 수 없거나 잘못 이해할 수도 있어요. 조금 오래된 연구지만 한 가지 실험(그림 10-1)을 소개할게요.

우선 실험 참가자를 두 그룹으로 나누고 같은 글을 읽게 했어요. 그런데 글을 읽기 전에 그 글에 관한 머리말을 읽게 했어요. 그룹에 따라 머리말을 다르게 작성했고요.

····· 은하 　　왜 머리말을 사용한 실험을 한 거예요? 선입관의 영향을 알아보기 위한 게 아니었어요?

····· 선생님 　　사람마다 가진 선입관이 다르니까 그 영향을 살펴보려면 어떤 선입관이 어떻게 영향을 미치는지 알 수 없어요. 그

**[그림 10-1] 머리말을 사용한 실험(大村 외, 1980을 바탕으로 작성)**

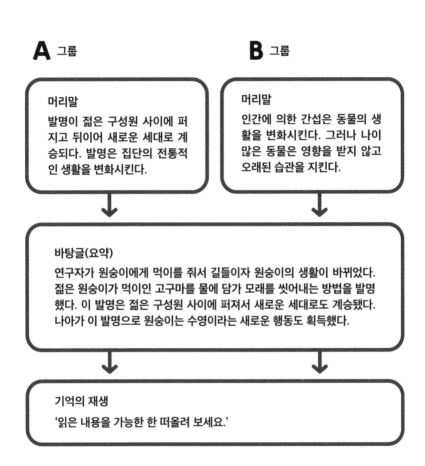

**A** 그룹

**B** 그룹

**머리말**
발명이 젊은 구성원 사이에 퍼지고 뒤이어 새로운 세대로 계승되다. 발명은 집단의 전통적인 생활을 변화시킨다.

**머리말**
인간에 의한 간섭은 동물의 생활을 변화시킨다. 그러나 나이 많은 동물은 영향을 받지 않고 오래된 습관을 지킨다.

**바탕글(요약)**
연구자가 원숭이에게 먹이를 줘서 길들이자 원숭이의 생활이 바뀌었다. 젊은 원숭이가 먹이인 고구마를 물에 담가 모래를 씻어내는 방법을 발명했다. 이 발명은 젊은 구성원 사이에 퍼져서 새로운 세대로도 계승됐다. 나아가 이 발명으로 원숭이는 수영이라는 새로운 행동도 획득했다.

**기억의 재생**
'읽은 내용을 가능한 한 떠올려 보세요.'

래서 모르는 화제, 즉 선입관이 없는 주제를 사용해서 일부러 선입관을 만드는 틀을 제시하는 거죠.

····· 세희　　그렇군요. 그렇게 하면 '좋은 틀, 적절한 지식과 연결되는 경우'와 '그다지 좋지 않은 틀, 부적절한 지식과 연결되는 경우'가 만들어지겠네요. 정말 잘 짜인 실험이네요.

····· 은하　　흠, 하지만 두 머리말 다 틀리지는 않았어요.

····· 세희　　그런데 글 내용으로 봐서는 A그룹의 머리말이 어울리는 것 같아.

····· 은하　　나도 그렇게 생각해. 인간의 간섭이라는 주제가 핵심은 아닌 것 같아.

····· 선생님　　이 실험에서는 바탕글을 읽은 다음, 어떤 내용이 있는지 떠올려서 답해 보게 했어요. 그러자 각 그룹별로 읽은 머리말과 관계있는 정보를 많이 떠올렸어요. 예를 들어 '두 살짜리 암컷이 고구마를 물에 담가 모래를 씻어냈다'거나 '어린 원숭이가 먼저 이 새로운 방법을 흉내 내서 고구마를 씻기 시작했다'는 부분은 A그룹이 잘 기억했어요. 그리고 '연구자들이 고구마를 여기저기 흩어 놓았다'나 '나이 든 원숭이 몇 마리는 오래된 습관을 계속 지켰다'는 부분은 B그룹 쪽이 잘 기억했어요.

····· 은하　　그렇다면 이 실험을 한 사람이 만든 선입관의 틀에 맞는 쪽을 더 잘 기억했네요.

**세희** A그룹 사람들이 요점을 잘 기억했네요. B그룹 머리말이 적절하지 않은 선입관을 심어 줘서 B그룹 사람들이 핵심에서 빗나간 부분을 기억하게 됐다는 뜻인가요……?

**선생님** 이런 식으로 본문 내용을 조금 추상적으로 표현한 머리말을 '선행 오거나이저(pre-organizer)'라고 불러요. 여기서는 적절한 선행 오거나이저가 글을 더 잘 이해하도록 돕는다는 사실을 강조하고 싶어요. 이는 읽기만이 아니라 연설을 할 때도 마찬가지인데, 조금 넓은 시야에서 앞으로 어떤 내용을 말하겠다는 것을 미리 알려주고 그다음에 이야기하면 상대방이 더 잘 이해할 수 있어서 큰 도움이 돼요. 예를 들어 '우연한 계기로 인생이 바뀐 적이 있습니다'라는 머리말을 읽은 사람은 그 뒤의 이야기에서 '우연한 계기'에 해당하는 일이나 '인생의 변화'를 읽어 내려고 해요.

하지만 선행 오거나이저가 적절한 경우에만 작용하는 건 아니라는 사실을 실험에서 알 수 있죠. 적절하지 않은 선행 오거나이저가 제시되면 그 틀에 맞는 부분에만 주목할 테니 결과적으로 잘못 이해하게 돼요.

**세희** 그럼 '좋은 선입관'과 '나쁜 선입관'이 있고, '나쁜 선입관'은 없는 편이 낫다는 거죠?

**선생님** 그래요. 세희가 말했듯이 '나쁜 선입관'은 없는 편이 나아요. 하지만 '좋은 선입관'과 '나쁜 선입관'을 구별하기가 어렵다는 것과 보통 우리는 '내가 가진 선입관'을 의식하지 못해요.

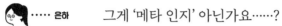 ····· 은하　　그게 '메타 인지' 아닌가요……?

····· 선생님　　맞아요. '내가 이런 선입관을 가지고 있구나' 하는 메타 인지가 잘 작동하지 않아요. 앞의 실험에서는 선행 오거나이저를 제시해서 인위적으로 선입관을 만들었지만, 선입관의 대부분은 경험 속에서 자연스럽게 몸에 배요. 자연스럽게 몸에 익어 당연하다고 여기는 것을 의식하기는 쉽지 않겠죠.

····· 세희　　그러게요. 당연하다고 생각하는 것을 선입관이라고 인식하기가 분명 어려울 것 같아요.

····· 선생님　　특히 인간은 일종의 '버릇처럼 하는 사고'를 가지고 있어서 이를 없애기가 좀처럼 쉽지 않아요.


## 버릇처럼 하는 사고


····· 은하　　버릇처럼 하는 사고란 어떤 것인가요?

····· 선생님　　다양한 버릇이 있는데, 여기서는 두 가지를 소개할게요.

## 1 '일반적으로 이럴 것이다'라는 사고의 틀

👤 ····· 선생님　　우선 다음 글을 읽어 봅시다.

스미스 씨는 미국 콜로라도 주립 병원에 근무하는 뛰어난 외과 의사다. 늘 냉정하고 침착하게 일을 해서 주위 사람들에게서도 신뢰를 받는다. 스미스 씨가 야근을 하던 어느 날, 응급실에 전화가 왔다. 구급차가 사람을 이송하고 있으니 수술을 의뢰하고 싶다는 전화였다. 아버지가 아들과 함께 드라이브하다가 고속도로에서 사고를 당해 아버지는 사망, 아들은 살았지만 중태라고 했다. 얼마 뒤에 중태에 빠진 아이가 병원으로 이송됐는데 그 아이를 본 스미스 씨가 놀라서 망연자실했다. 그 아이가 스미스 씨의 아들이었기 때문이다.

스미스 씨와 사고를 당한 아들의 관계는?

(滑田, 2019를 바탕으로 작성)

👤 ····· 은하　　글이 이상해요. 아버지와 아들이 사고를 당했잖아요. 그런데 스미스 씨가 부모라니 이상해요. 모순되지 않아요?

👤 ····· 선생님　　아니요, 모순은 없어요.

👤 ····· 세희　　네? 저도 은하랑 똑같이 생각했는데……. 아, 알았다! 아이는 스미스 씨와 이혼한 아내의 자식 아닌가요? 그러면 앞

뒤가 맞아요!

선생님　틀렸어요. 그렇게 복잡한 이야기가 아니에요. 그런 이야기는 어디에도 있지 않아요.

세희　흠.

은하　혹시…… 엄마인가요?

선생님　정답이에요!

은하　그렇구나! 분명 아버지일 거라고 생각했어요. 이것도 선입관이네요.

세희　응? 무슨 뜻이야?

선생님　세희와 은하가 이 글을 읽고 처음에 상상한 '의사 스미스 씨'는 남자 아니었나요? 외과 의사라고 했어도 어디에도 남자라고 나오지 않는데, 자연스럽게 '일을 잘하는 외과 의사'는 남자일 거라고 짐작했죠. 실제로 외과 의사는 남자가 많지만, 우리는 자신도 모르게 '이런 직업을 가진 사람은 남자다' '이건 여자가 하는 일이다'처럼 생각하는 버릇이 있어요.

세희　듣고 보니 외과 의사라서 남자라고 생각하는 건 이상하네요. 하지만 '보통은' 남자일 거라고 생각했어요.

선생님　인간의 인식에서 '보통 이런 식이다'라는 지식이 있다는 건 사실 매우 중요해요. '소풍을 갑니다'라는 말을 들으면 점심에 먹을 걸 가지고 풍요로운 자연을 즐기러 여러 명이 간다고 상상하죠? 소풍은 '보통 이런 식'이니까요. 그런데 여기서 '밤 8시에 집합합니다'라고 하면 '어?' 하고 놀랄 것이고, '목적지는 63빌딩'이라고 하면 '그런 데서 무슨 소풍이람?' 하고 생각할 거예요.

이처럼 ○○는 이런 식이다, 라는 지식을 '스키마'라고 해요. 스키마란 '틀'이라는 의미로, 우리가 일상생활에서 보고 들은 사물의 틀에 관한 지식을 의미해요.

**은하** '학교'에 관한 스키마도 있겠군요. 그곳에 있는 사람은 이러한 사람들이고, 이런 장소에서, 이런 일정으로 보낸다 같은 일련의 지식이 있으니까요.

**선생님** 그래요. 그래서 '여든 살 중학생'이라는 말을 들으면 깜짝 놀라기도 하고, 점심시간 전에 모든 학생이 하교한다는 말을 들으면 '무슨 일이지?' 하고 의아해하겠죠. 이것도 스키마에 맞지 않으니까요.

**세희** 왜 스키마가 중요한가요? 앞의 예를 보면 오히려 없는 편이 나아 보이는데…….

**선생님** 실제 사물에는 다양한 변형이 존재하는데, 그 모든 변형을 동일하게 파악하는 것이 스키마가 없는 상태, 전혀 선입관이 없는 상태라고 할 수 있어요. 하지만 이 예시에서 보면, '지금 화제가 되는 소풍은 어떠한 활동인가'를 일일이 설명해야 하죠. 그러나 스키마가 있다면 다들 '보통 이런 식이겠지' 하고 생각하는 부분은 설명할 필요가 없어요. 많은 사람이 스키마를 공유함으로써 우리의 커뮤니케이션이 원활해지고, 거기에 머리를 쓰지 않아도 되는 만큼 다른 일들을 생각할 수 있어요.

**은하** 수고를 줄인 만큼 더 나은 것들을 생각할 수 있다는 뜻이군요!

**세희** 아, 알았다! '외과 의사란 보통 이런 식이다'라는 것도 스키마야. 은하랑 나는 그런 스키마를 사용해 생각했기 때문에 문제를 맞히지 못했어!

**선생님** 그래요. 방금 이야기했듯 스키마는 우리가 사물을 효율적으로 파악하거나 생각하는 데 필요하다는 의미에서 '좋은 선입관'이에요. 하지만 '외과 의사'의 예처럼 거기서 벗어난 것을 인식하기 어렵게 만든다는 점을 보면 '나쁜 선입관'이기도 해요. 스키마는 문맥에 따라 '좋은 선입관'도 '나쁜 선입관'도 될 수 있어요.

**은하** 하지만 좋지 않은 스키마도 있어요. '외과 의사는 일반적으로 남자'라는 스키마는 시대에 뒤떨어졌달까, 별로 좋은 스키마가 아닌 것 같아요.

**선생님** 중요한 지적이에요. '외과 의사는 일반적으로 남성이다'라는 식의 '단정'으로 이어지는 스키마를 특히 '고정관념'이라고 해요. 인종이나 국적, 종교, 직업, 성별 등을 가지고 '분명 이럴 것이다'라고 단정 짓는 것이 전형적인 고정관념이죠.

**세희**　아, 말씀을 듣고 보니 얼마 전에 그 때문에 한 실수가 생각났어요. 마치 외국인처럼 보여서 "한국어를 잘하시네요"라고 말했거든요. 그런데 한국에서 태어나고 자라서 한국어만 할 줄 아는 사람이라고 하더라고요……. 너무 부끄러웠어요…….

**은하**　아, 정말 부끄러웠겠다……. 하지만 네가 왜 그랬는지 알겠어…….

**선생님**　'한국어를 말하는 사람은 보통 이런 사람'이라든가 '한국인이라면 보통 이렇게 생겼을 것이다'라는 고정관념이 있다는 이야기네요.

**세희**　그때는 몰랐는데, 제가 고정관념을 가지고 남을 판단해서 부끄러웠다는 걸 지금 깨달았어요. 외과 의사가 남자라는 것도 고정관념이고 한국인의 외모라는 것도 고정관념이에요. 고정관념은 나 자신의 이해를 방해하고, 부끄럽게 만들고, 상대방에게 실례가 돼요. 새삼 반성합니다…….

**선생님**　스키마가 선입관의 하나라는 것, 스키마는 기본적으로 편리하고 유용하지만, 그중에는 때때로 이해를 방해하는 나쁜 것이 있는데 대표적인 게 고정관념이에요. 나쁜 스키마, 고정관념을 없애고 싶지만 스스로 깨닫기 어렵기도 해요. 그러니 알아차린 고정관념부터 조금씩 없애 나갑시다.


## 2 확증 편향

🙂 ····· 선생님     이번에 이야기할 것은 '내 생각을 지지하는 것에 주목하는 버릇'이에요.

전형적인 예로 '확증 편향'이 있어요. 여기서 '확증'은 확인한다는 뜻, '편향'은 치우쳐 있다는 의미이니까 '확인하는 방향으로 인간의 사고가 치우쳐 있다'는 뜻이에요.

쉽게 말해서, '분명 이러할 것이다'라는 생각이 있으면 그 생각에 반대되는 사실이 제시돼도 무시하기 쉽고, 그 생각을 지지하는 사실에는 '역시!' 하고 주목하기 쉬운 경향이에요.

😐 ····· 은하     그런 것도 있나요? 말이 안 돼요.

🙂 ····· 선생님     은하는 혈액형과 성격이 관련 있다고 생각해요?

😐 ····· 은하     네? 왜 갑자기 혈액형 이야기를······. 네, 꽤 맞는 것 같아요. 저는 O형인데, 제 입으로 말하기 그렇지만 리더십이 있달까, 대범한 성격이에요. 사람들도 종종 저한테 'O형 같다'고 하거든요. 혈액은 몸속에 있는 물질이니까 성격에도 관계가 있지 않을까요?

😑 ····· 세희     나는 B형이야.

😐 ····· 은하     정말? 의외인데? 근데 듣고 보니 너, 은근 대충 넘어

가고, 작은 일은 신경을 안 쓰는 경향이 있지 않아? 의외로 지각도 하고 말이야. 그런 면은 분명 B형이기 때문이야.

🧑‍🏫 ····· 선생님    그게 확증 편향이에요.

🧑 ····· 은하    네? 이게요? 무슨 말씀이에요?

🧑‍🏫 ····· 선생님    은하는 '혈액형과 성격은 관계가 있다'는 의견을 가지고 있었으니까 세희의 성격 가운데 'B형의 이미지에 맞는 것'에만 주목해서 '역시 그랬구나' 하고 수긍했어요. 세희의 성격 가운데 B형의 이미지에 맞지 않는 건 빼고, 맞는 부분에만 주목한 거죠(그림 10-2).

🧑 ····· 세희    정말 그렇네요. 은하는 확증 편향이 심한지도 몰라요. 얼마 전에도 '오늘 운세가 대박'이라고 하면서 좋았던 일 몇 가지를 예로 들긴 했죠. 하지만 평소에 숙제를 깜박한다든가, 물웅덩이에 발이 빠진 일 같은 '운 나쁜 사건'은 전혀 신경 쓰지 않았어요.

🧑 ····· 선생님    확증 편향의 좋은 예로군요. '행운의 펜던트를 잃어버렸어. 분명 나쁜 일이 일어날 거야'라고 생각하면서 나쁜 일에만 신경을 써 '이게 다 펜던트를 잃어버렸기 때문이야!'라고 하는 경우도 마찬가지죠.

🧑 ····· 은하    무, 물론 그럴지도 모르지만 그게 읽고 이해하기와 무슨 관계가 있어요?

**[그림 10-2] 사람은 '자신의 생각을 지지하는 것'에 주목한다**

여러 특징 가운데 내 '생각'에 맞는 것만 선택한다.

····· 선생님　　또 다른 실험을 소개할게요(Lord 외, 1979). 이번에는 '자기 의견'이 분명한 사람들이 실험에 참가했어요. 그들은 '사형 제도 찬반에 대하여'라는 주제의 글을 읽었어요. 참가자 중에는 사형 제도에 반대하는 사람, 찬성하는 사람이 있었어요. 어떤 의견을 가지고 있든지 간에 '내 의견을 지지하는 근거'와 '내 의견과는 모순되는 근거' 양쪽 모두가 쓰인 글을 제시했어요. 글을 읽은 다음, 실험에 참가한 사람들의 의견은 어땠을까요?

····· 세희　　어렵네요. 지지하는 근거와 모순되는 근거가 다 있는 거죠? 지지하는 근거가 중요하다고 생각하면 의견을 바꾸지 않겠지만, 모순되는 근거가 중요하다고 생각하면 의견을 바꿀 거예요. 음, 하지만 앞서 이야기한 '확증 편향'을 생각해 보면 모순되는 근거는 무시하지 않을까요?

····· 선생님　　실험 결과, 원래 반대하던 사람은 '이 글은 사형 제도가 좋지 않다는 사실을 잘 분석했다'라고 평가했고, 찬성하는 사람은 '이 글을 읽고 사형 제도가 필요하다는 것을 잘 알게 됐다'라고 둘 다 자신의 의견이 옳았음을 재확인하는 경향이 있었어요.

····· 은하　　모순되는 근거는 어떻게 했나요?

····· 선생님　　그 부분이 재미있어요. 반대하는 사람은 반대 의견

을 지지하는 서술을 신뢰하는 한편, 사형 제도의 유효성에 대한 서술은 '고찰이 부족하다' '근거가 부족하다'라고 비판했어요. 찬성하는 사람도 마찬가지로 자기 의견에 맞는지 아닌지에 따라 서술에 대한 평가를 바꾸었어요.

 **세희**　　완전히 무시했다고 볼 수는 없네요.

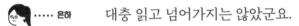 **선생님**　　네, 단순히 '지지하지 않는 의견에 주목하지 않는다'는 것과는 조금 다르죠. 찬성이든 반대든 간에 자기 의견에 반하는 서술에 대한 비판을 매우 정확하게 했다는 점도 재미있는 부분이에요.

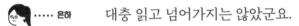 **은하**　　대충 읽고 넘어가지는 않았군요.

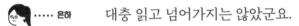 **선생님**　　네, 제대로 읽고 이해했어요. 단, 이해 방식이 기존의 자기 의견을 지지하는가 그렇지 않은가로 달라지죠. 자기 의견은 대표적인 선입관 가운데 하나인데, 이게 꽤 강력해서 인간은 이를 유지하기 위해 상당히 노력한다는 사실을 알 수 있어요.

 **세희**　　은하야, 선입관을 없애야 한다고 말했지만 이걸 보면 없앨 수 없어. 그리고 그런 말을 했던 나 자신에게도 고정관념이 있고, 나는 자기주장이 강한 편이니까 그에 따른 선입관도 많을 거야.

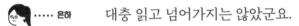 **은하**　　아니야, 내 확증 편향도 꽤 많아. 뭐랄까, 인간이 버릇처럼 하는 사고는 위험한 것 같아.

🧑 ····· 선생님　　독해할 때도 나한테는 선입관 같은 거 없어! 하고 방심하는 건 좋지 않은 듯해요. 특히 자신의 생활이나 일에 관련한 중요한 주제에 관해 읽을 때는 '나는 어떻게 생각하는가' '이것에 대해 내가 가질 법한 고정관념은 무엇인가?' 하는 식으로 한발 물러서서 생각하는 것도 중요하답니다.


**세희의 노트**

◎ 이미 가지고 있는 지식의 틀에 따라 이해 방법이 달라진다. 선입관도 그중 하나다!

◎ 인간이 가진 '●●는 이런 것'이라는 지식을 스키마라고 한다. 스키마는 생각하거나 의사소통할 때 도움을 주지만, 선입관을 가지게 하는 나쁜 스키마(고정관념)도 있으므로 주의하자.

◎ 내 의견을 지지하는가 그렇지 않은가로 독해 방식을 바꾸는 일도 있으므로 자신이 어떻게 생각하는지를 차분히 돌아보는 것도 필요하다.

# 제11장
# 주관은 반드시
# 배제하고 읽어야 할까?

## 무심코 감정이입 하게 된다

····· 윤수　선생님, 이 책 열심히 읽었어요. 역사는 싫어했는데 읽기 전략을 써서 '공략해 보자!'는 마음으로 읽었더니 그럭저럭 읽을 수 있었어요.

····· 선생님　흥미로운 접근법이네요. 전략을 사용하는 연습도 할 수 있어서 좋았겠어요.

····· 윤수　제 경우에는 '중요하다!' 싶은 부분에 밑줄을 긋거나 메모하는 게 좋았어요. 생각만 하면 금방 잊어버리지만, 밑줄을 긋거나 적어 두면 '뭔가 공부했구나!' 싶은 기분이 들더라고요.

그리고 나중에 다시 읽을 때도 밑줄 친 부분을 따라가면 어떤 내용이었는지 떠올리기 쉬운 것 같아요.

선생님   그래요. 윤수의 말대로예요. 내가 표시해 놓은 부분을 다음에 읽을 때의 실마리로 삼는 거죠.

윤수   하지만 나중에 깨달았는데, '중요한 부분'만 아니라 '그다지 중요하지 않아도 마음에 드는 부분'이나 '그다지 중요하지 않아도 기억에 남는 부분'에도 밑줄을 그었어요. 이러면 안 되나요?

선생님   왜 안 된다고 생각했어요?

윤수   객관적으로 읽어야 하잖아요. 감정에 휩쓸려서 중요한 부분을 놓친다든가 하면 안 되니까요.

선생님   물론 재미있는 에피소드만 좇아 읽다가 줄거리를 잊어버리는 경우도 있겠죠. 이는 만화에 대한 논의(제6장)와도 관련이 있는데, '모르는 내용을 배울 때는 공감이나 친숙함 같은 감정적인 부분에 휩쓸리지 말고 분석적으로 읽는 게 중요하다'고 지적한 연구도 있어요(外山, 1981).

　하지만 나는 읽을 때 객관적인 것만이 아니라 주관적인 것도 잘 사용해야 한다고 생각해요.

윤수   정말요? 선생님만 그렇게 생각하시는 거 아니에요?

선생님   물론 설명적인 글을 읽을 때 감정이나 직감이 어떤 식으로 도움이 되는가 하는 점에 대해서 상세하게 연구한 자료는 별로 찾아볼 수 없어요. 하지만 읽기 방식에 관해 해설하는 책에는 '직감을 살린다'는 관점이 제시돼 있어요.

예를 들어 교육학자 사이토 다카시 선생님은 '삼색 볼펜'을 사용해서 중요한 부분은 빨간색, 그럭저럭 중요한 부분은 파란색, 재미있다고 생각한 부분은 녹색, 이렇게 세 가지 색으로 나누어 밑줄을 그을 것을 권해요(齋藤, 2002).

**윤수** ····· 색을 나누는군요. 하긴 매우 중요한 부분과 그럭저럭 중요한 부분 둘 다 표시하다 보면 거의 한 페이지에 가깝게 밑줄을 그을 때도 있거든요. 그중에서도 특히 어디가 중요한지 생각해 보면 좋겠네요. 그리고 '재미있는 부분'을 활용하는 게 좋네요! 색으로 구별할 수 있으니까 여기는 '감정이 움직인 부분'이구나 하고 알 수 있잖아요.

**선생님** ····· '재미'만이 아니라 더 다양한 감정이 생길 때도 있죠. 그런 감정들을 구별해서 표시하는 방법으로서 철학자 도다야마 가즈히사 선생님은 직감을 살린 '태그 붙이기'를 제안해요(戶田山, 2002). 태그 붙이기란 읽고 있을 때의 느낌에 따라 글에 표시(태그)하는 방법이에요(표 11-1).

**윤수** ····· 와. 태그 붙이기 재미있네요. 전 '재미있다고 생각한 부분'에서는 '아, 이건 몰랐는데' '그랬구나!' 싶은 생각이 들어

**[표 11-1] 직감을 살린 태그 붙이기(戶田山, 2002를 바탕으로 작성)**

| 동의 | 완전 동의! 나도 그렇게 생각한다 |
|------|--------------------------------|
| 발견 | 세상에 이럴 수가! 전혀 몰랐다<br>공부가 됐다 |
| 의심 | 납득할 수 없다, 뭔가 아니라는 생각이 든다 |
| 반대 | 완전 반대! 절대로 그게 아니라고 생각한다 |

서 밑줄을 그었어요. 태그 붙이기로 말하자면 '발견'이겠네요. 하지만 '의심'이라든가 '반대'는 별로 생각해 보지 못했어요.

**선생님** 비판적 독해 부분에서 '근거를 갖고 비판한다'는 이야기를 했는데, 실은 그 이전 단계에서 '의심'처럼 '말로 잘 표현할 수는 없지만 이상하다는 생각이 든다'는 직감이 작용하는 경우도 많아요. '반대'는 자신만의 주관이 있는 주제 등에서 잘 나타나죠.

**윤수** 분명 자신에게 주관이 없으면 크게 반대하지 않을 거예요. 그냥 넘어가겠죠. 이건 선입관과 관계있어 보이는데, 어떤가요?

**선생님** 그래요. 주관이 있다는 것은 그 주제에 대해 의견이나 신념이 있다는 뜻이니까 자신의 선입관과 글의 내용이 일치하지 않을 때 '반대'가 일어나기 쉽겠죠.

…… 윤수    하지만 아무 근거 없이 '납득할 수 없다'고 해도 괜찮을까요? 저자가 화낼 것 같아요.

…… 선생님    물론 '납득할 수 없어요! 내 근거는 직감이에요!'라고 말하면 화내겠죠. 객관적 읽기를 중시하는 사람은 그래서 '내 근거는 직감'인 채로 끝낼까 봐 걱정하지 않을까요?

중요한 점은 '납득할 수 없다'는 직감 이후에 '왜 내가 납득할 수 없다고 생각하는가' '어떤 근거가 있는가'라고 생각을 깊이 하는 거예요. 이는 주관을 실마리 삼아서 이해를 깊게 할 수 있는 기회예요. '이런 이유로 납득할 수 없다'고 말할 수 있을 정도로 생각을 깊게 한다면 저자도 기뻐할 거예요(그림 11-1).

생각하다 보면 '저자의 말하기 방식이 좀 거만한데?'라든가 '내가 바보가 된 것 같아'라는 느낌만 받고 '결국 근거는 없었다'는 점을 깨달을지도 몰라요. 그 경우에는 저자가 말하고 싶어 하는 바를 다시 이해해 보려 할 수 있겠죠.

이렇게 보면, 객관적인 근거가 제시되는 경우나 제시되지 않는 경우라고 해도 일단 자신의 주관을 중요시하면서 '왜 아니라고 생각했을까'를 분석해 나가는 방법은 많은 장점이 있어요.

…… 윤수    그렇군요. 직감으로 그치지 않는 것이 중요하네요. 거기서 더 심화할 수 있느냐가 관건이 되겠어요.

**[그림 11-1] 주관을 실마리 삼아 객관적으로 읽는다**

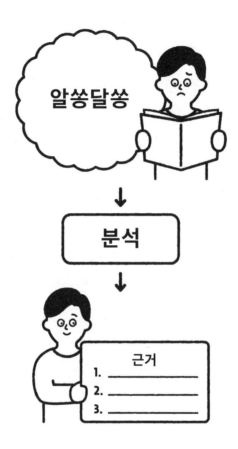

# 직감을 살려서 생각한다

### 1 다양한 자료를 읽는다

👤 ····· 윤수　직감을 어떻게 심화하느냐가 중요하네요. 음, 같은 주제를 다룬 서로 다른 책을 읽는 건 어떨까요?

👤 ····· 선생님　그렇죠. 새로운 책이나 자료를 읽으면 자신의 주관을 분석하는 데 도움이 돼요. 이는 자신에게 충분한 지식이 없을 때 특히 중요해요. '비판적 독해'에 대해 이야기했을 때도 '다른 책이나 자료와의 공통점과 차이점을 계기로 깨닫는다'는 것이 있었죠? 그것처럼 내가 '납득하지 못하겠다' '이건 절대 아니다!'라는 직감이 어디에서 오는지, 어떤 근거가 있을지 다른 책을 가져와서 비교해 보면 명확해질 거예요.

👤 ····· 윤수　다른 자료에는 '동의'에 대한 아이디어가 있을지도 모르니까요!

👤 ····· 선생님　네. 마찬가지로 '납득할 수 없는' 내용이라도 다른 자료는 다른 관점으로 쓰인 게 많죠. 거기에서 '아, 내가 납득하지 못한 원인이 이거였구나' 하고 깨달을 수도 있어요. 더 좋은 설명이 있다면 '납득할 수 없다고 생각했는데 그 뜻이었구나. 이제야 알겠어' 하고 이해할지도 모르고요.

👤 ····· 윤수　아아, 그렇다면 조사 학습 숙제를 할 때 한 권의 책이

나 하나의 웹사이트에만 의존하는 건 좋지 않겠네요.

…… 선생님    그래요. 한 종류의 책이나 자료에 의존하는 것의 단점은 다음의 두 가지로 정리할 수 있어요.

① 그 자료의 관점이나 입장이 치우쳐 있을 때 깨닫기 어렵다.

② 납득할 수 없는 부분이나 설명이 부족한 부분이 보충되지 않는다.

이런 단점을 보충하려면 조사하고 싶거나 이해하고 싶은 사항에 대해 다양한 자료를 읽어 보는 게 효과적이에요.

…… 윤수    여기서 '무엇을 읽으면 좋을까'가 중요하지 않을까요? 조사 학습 때도 일단 키워드를 검색해서 처음에 나온 몇 가지를 보고 이해하기 쉬운 것을 읽는 식인데, 책이나 자료를 제대로 고르려면 어떻게 해야 좋을까요?

…… 선생님    그럴 때 도움이 되는 게 '참고 문헌'이나 '인용 문헌' 페이지, 그리고 도서관의 사서 선생님이에요!

…… 윤수    참고 문헌이라면 책 맨 뒤에 나오는 목록 말인가요?

…… 선생님    네. 인용 문헌은 '소개한 내용이 어디에 있다'라고 정보 출처를 알려주는 것이에요. 책에서 언급한 실험이나 조사, 아이디어에 대해 언제, 누가, 어떤 제목으로 발표했는가가 '인용 문헌'으로 제시되죠. 예를 들어 어떤 실험에 대해 쓴 것을 읽고 더 자세하게 알고 싶을 때가 있을 거예요. 실험의 개요 외에 어떤 사람이 참가했는지, 설문지의 구체적인 항목은 무엇이었

는지 등이 궁금할 때가 있겠죠. 그럴 때는 인용 문헌을 읽어 보면 상세한 정보를 알 수 있어요.

한편 참고 문헌은 '내용을 쓸 때 저자가 참고한 자료'를 말해요. 그러니까 글 내용 전체에 걸쳐 관련된다든가 저자가 아이디어를 생각해 낸 기반이 된 자료가 제시돼 있어요. 참고 문헌은 세부적인 사항을 알고 싶을 때보다 그 자료의 근본적인 사고방식을 알아보고 싶을 때 도움이 돼요.

윤수 …… 구체적으로 소개된 사항에 대해서는 인용 문헌, 전체적인 배경이라든가 전제 지식을 알고 싶을 때는 참고 문헌을 보면 좋다는 말씀인가요?

선생님 …… 네. 인용 문헌의 경우는 보통 책 속에 번호가 붙어 있거나 그 문헌의 저자 이름이나 발행연도가 쓰여 있는데, 그것을 실마리 삼아 목록을 보면 어떤 자료를 봐야 할지 구체적으로 찾을 수 있어요.

윤수 …… 그렇군요. 웹사이트에서도 마찬가지일까요……? 아, 정말 그렇네요. 번호가 있고 마지막에 찾아볼 수 있게 돼 있어요. 음, 하지만 선생님, 지금 보니 영어로 된 자료뿐인데요……. 제가 읽을 수 있는 우리말 자료는 없나요?

선생님 …… 조사 내용에 따라 영어를 비롯해 외국어 문헌이 많이 나올 때도 있죠. 그럴 때는 도서관에 가서 도움을 받으세요!

⋯⋯ 윤수　　도서관에 가면 도움을 받을 수 있나요?

⋯⋯ 선생님　네. 영어로 된 자료밖에 없을 때도 그렇지만, 참고 문헌이 너무 많아서 내가 알고 싶어 하는 사항과 가장 관련이 있는 자료가 무엇인지 모른다든가, 또 참고 문헌이라는 게 뭔지 모를 때가 있잖아요? 그렇게 '알고 싶은 게 있지만 어떤 자료를 읽으면 좋을지 알 수 없는' 상황에서 도서관 사서 선생님의 도움을 받을 수 있는 게 '레퍼런스 서비스'예요.

　　도서관 사서 선생님은 조사의 달인이에요. '이러이러한 내용을 알고 싶은데 어떤 책이 있나요?' 하고 질문하면 '이쪽 서가에서 찾을 수 있어요' 하고 가르쳐 주시니까요.

⋯⋯ 윤수　　사서 선생님이라면 도서관에서 일하는 분들 말이죠? 책 정리나 대출만 해 준다고 생각했어요. 아하, 사실은 조사 전문가이셨구나. 멋있어요!

⋯⋯ 선생님　물론 내용에 따라서는 금방 알지 못하는 경우도 있어요. 시간이 걸리거나 다른 도서관에 물어볼 필요가 있기도 해요. 하지만 '뭘 읽어야 할지 모르겠어, 어떡하지?' 하는 생각이 들 때 도서관 사서 선생님에게 도움을 구하는 건 매우 좋은 방법이에요.

　　그 외에도 책에 따라서는 '더 읽을 자료 안내'라는 형식으로 더 알고 싶은 사람은 이러이러한 책을 읽으면 좋다는 저자의 책 추천 목록이 있기도 해요. 거기에서 다른 자료를 찾아보는 것도 좋죠.

### 2 인풋을 위한 아웃풋

🙂 ..... **선생님**　　자신의 주관을 분석하는 방법으로서 또 한 가지 권하고 싶은 게 '아웃풋을 한다'는 거예요.

😊 ..... **윤수**　　아웃풋이라면 인풋의 반대, 그러니까 스스로 표현한다는 거죠? 작문을 한다든가 보고서를 쓴다든가 하는 건가요? 거기에 프레젠테이션도 포함되나요?

🙂 ..... **선생님**　　윤수가 말한 작문이나 보고서, 프레젠테이션은 아웃풋 중에서도 상당히 '격식을 갖춘(formal)' 것이에요. 성과로서 사람들에게 보여 주는 게 목적인 아웃풋이라고 할 수 있죠. 그것도 중요한 아웃풋이에요. 하지만 좀더 '일상적인(informal)' 아웃풋도 생각할 수 있는데, 그것이 독해에 사용돼요.

😊 ..... **윤수**　　일상적인 아웃풋이요? 예를 들면 어떤 게 있나요?

🙂 ..... **선생님**　　책을 읽고 친구에게 '이러이러한 걸 알았어'라든가 '이해가 가지 않는데' 하고 이야기하는, 비교적 일상적인 대화를 떠올려 보세요. 특히 내가 의문을 가졌거나 모르는 사항에 대해 다른 사람과 주거니 받거니 이야기하는 것도 일상적인 아웃풋에서 중요해요.

····· 윤수　　　아, 그러고 보니 얼마 전에 조사 학습 프로젝트를 할 때 그런 일상적인 아웃풋이 있었어요. 세희가 "이 책에서는 이 것이 홍경래의 난의 원인이라는데 이상하지 않아?" 하고 의문스러워하기에 같이 토론을 했거든요. 그래서 결국 세희가 이야기하고 싶었던 것처럼 난의 이유가 하나가 아니라는 사실을 알았어요. 그것도 세희가 '이상하다'고 말하지 않았더라면 알지 못했을 거예요.

····· 선생님　　　세희가 '의심'을 드러내서 모두의 이해가 깊어졌네요. 이러한 일상적인 아웃풋을 자극하는 것이 그룹 학습의 이점 가운데 하나라고 생각해요.

　　　어쩌면 세희가 '이상하지 않아?'라고 말한 단계에서는 자신도 그렇게 생각한 이유를 몰랐을 거예요. 윤수나 은하에게 '이상하다'는 설명을 하기 위해 생각하고 머릿속을 정리하는 사이에 이상하다는 의견이 생긴 이유를 알지 않았을까요?

····· 윤수　　　음, 그러고 보니 세희가 이야기하면서 계속 "아, 이제 알겠다!"라고 했어요······. 우리는 잘 모르지만 세희의 머릿속에서는 정리가 됐겠죠. 그렇구나, 그랬어······.

····· 선생님　　　'읽기'는 대표적인 인풋 작업이에요. 읽을 때는 무심코 인풋에만 주목하지만, 기억과 이해라는 머릿속 장치를 통해 '쓰기'와 '읽기'라는 아웃풋 작업과 관련돼요. 인풋을 잘하고 싶

을 때 아웃풋을 하는 것은 매우 중요해요.

🧑 ····· 윤수　　아웃풋은 제대로 이해하고 나서 해야 하지 않을까요?

👩 ····· 선생님　　사람들 앞에서 설명하는 식의 아웃풋이라면 제대로 이해하고 해야겠죠. 하지만 이해하고 싶거나 인풋을 하고 싶은 정보가 있을 때, 이해 도중이더라도 그때까지 이해한 부분이나 이해하지 못한 부분을 아웃풋하면서 정보를 정리하고 다시 검토할 수도 있어요.

🧑 ····· 윤수　　알 듯도 한데, 왜 아웃풋을 해야 좋은가요?

👩 ····· 선생님　　아웃풋을 하면서 얼마나 이해하고 있는가를 나 자신이나 다른 사람에게 '보여 줄 수' 있어 좋아요.

🧑 ····· 윤수　　아, 혹시 메타 인지……?

👩 ····· 선생님　　맞아요. 메타 인지와도 관계가 있어요. 아웃풋을 해서 보여 주면 모순이나 일관성이 없는 부분을 잘 알 수 있어요.

　　그리고 아웃풋을 해 보는 것이 자신이 만든 표상을 다시금 더 잘 만들 수 있는 기회가 된다고 해요. 심지어 아웃풋을 해서 보여 줄 상대가 없어도 괜찮아요.

🧑 ····· 윤수　　상대방 없이요? 그게 무슨 말씀이세요?

👩 ····· 선생님　　'내가 나에게 설명'해도 효과가 있어요. 이를 '자기 설명'이라고 하는데, 자기 설명의 효과를 검토한 연구(Chi 외, 1994)

에서는 스스로에게 설명하면서 읽으라는 지시를 받은 학생과 잘 이해하라는 지시만 받은 학생을 비교했더니, 자기 자신에게 설명하면서 읽은 학생이 내용을 더 잘 이해했음을 밝혀냈어요. 이는 '자기 설명'을 통해 자신이 만든 표상을 다시 보고 다시 만들 수 있었기 때문이라고 볼 수 있죠.

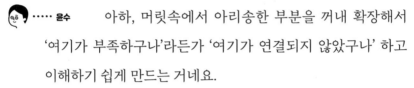

윤수　아하, 머릿속에서 아리송한 부분을 꺼내 확장해서 '여기가 부족하구나'라든가 '여기가 연결되지 않았구나' 하고 이해하기 쉽게 만드는 거네요.

선생님　맞아요. 보통 아웃풋은 인풋의 성과로서 자리매김 되는데, 인풋을 위해 아웃풋을 하면 머릿속이 정리돼요. 아웃풋의 효과는 '의심'이나 '반대'를 분석할 때도 효과가 있답니다.


**윤수의 노트**

◎ **기본은 객관적으로, 분석적으로 읽는 것. 하지만 주관도 힌트가 된다.**

◎ **주관만으로는 안 되기 때문에 분석한다. 그러기 위해서는……**

　**· 다른 자료나 책을 읽는다(무엇을 읽어야 좋을지 알 수 없을 때는 도서관에 가서 물어보면 좋다).**

　**· 일상적인 아웃풋을 한다.**

# 제12장
## 결국 독해력이란 무엇일까?

## 다양한 독해력

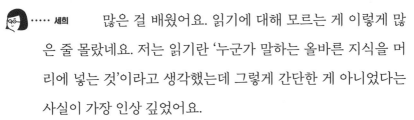

····· 세희 　　많은 걸 배웠어요. 읽기에 대해 모르는 게 이렇게 많은 줄 몰랐네요. 저는 읽기란 '누군가 말하는 올바른 지식을 머리에 넣는 것'이라고 생각했는데 그렇게 간단한 게 아니었다는 사실이 가장 인상 깊었어요.

····· 은하 　　맞아. '연결하는 게 중요'했어.

····· 선생님 　　맞아요. 문자를 눈으로 멍하니 좇으면 '머리에 안 들어가는 게' 당연해요. 스스로 정보를 열심히 연결해 나가는 게 읽기라는 행위예요.

**은하**　　　저는 '읽고 있는 내용이 옳은지 스스로 생각한다'는 게 인상적이었어요. 인터넷 기사 등을 자주 읽는데, 그럴 때 쉽게 넘어가서는 안 되겠다는 생각이 들었어요.

**윤수**　　　맞아. '책에 있으니까' 하고 끝내서는 안 되고, 일단 멈춰서 다른 책을 읽거나 알고 있는 내용과 비교해 보면서 생각해야 해. 물론 귀찮지만 그게 중요하다는 사실은 유튜브파인 나도 공감이 되더라~.

**선생님**　　　그래요. 책이나 잡지처럼 '종이 매체'만 읽던 시절에 비해 인터넷이 보급된 현대에는 비판적 독해를 할 수 있느냐가 무척 중요해요. 수많은 사람이 수많은 정보를 발신할 수 있으니까…….

**세희**　　　불확실한 내용이나 잘못된 정보도 '올바른 내용'이라고 생각하며 읽겠지요.

**은하**　　　옛날 같으면 '수상쩍은 소문'이었을 법한 내용이 고스란히 인터넷에 올라와요. 그러니까 귀찮아하지 말고 잘 따져 봐야 해요.

# 독해력을 익히자

🧑 ····· 선생님    맞아요. 이제는 내가 읽은 내용에 대해 스스로 고민하고 평가할 수 있는가, 이를 인터넷 기사를 읽을 때도 발휘할 수 있는가도 독해력으로 중요해졌어요.

🧑 ····· 세희    네? 정말이에요?

🧑 ····· 선생님    네. 제5장에서 소개한 '경제협력개발기구(OECD) 국제 학업 성취도 평가'인 피사(PISA)라는 학력 조사가 유명하죠. 거기서 나온 문제 하나를 봅시다(그림 12-1).

🧑 ····· 세희    '독해력'과는 별로 관계없어 보이는데요.

🧑 ····· 은하    나는 소피아의 의견에 찬성이야!

🧑 ····· 윤수    이건 어느 쪽이 '좋은 편지'냐 하는 문제잖아. 나도 소피아 쪽이 좋지만, 편지 쓰는 법이라는 측면에서는 헬가가 좋은 것 같아.

🧑 ····· 세희    나도 그렇게 생각해. 소피아가 든 양복의 예가 적절하지 않은 것 같아. 누군가의 물건에 멋대로 낙서하는 것과 자기가 좋아하는 것을 입는 것은 다른 문제잖아.

🧑 ····· 선생님    이 질문은 어느 쪽이 정답이냐를 묻는 것이 아니라 쓰인 내용을 토대로 생각할 수 있는가를 물어보는 문제예요. 그러니까 세희가 '이 부분이 이러한 이유로 좋지 않다'고 했듯이

**[그림 12-1] 피사(PISA) 예시 문제 「낙서」(일본 국립교육정책연구소, 2009)**

## 낙서에 관한 질문

어느 편지의 내용에 찬성하는지와는 별도로, 당신은 어느 것이 좋은 편지라고 생각합니까? 한쪽 혹은 양쪽 편지의 글쓰기 방식을 언급하면서 당신의 생각을 설명하세요.

...................................................................................................................................................

## 낙서

학교 벽의 낙서 때문에 화가 납니다. 벽의 낙서를 지우고 다시 칠하는 것이 이번이 네 번째이기 때문입니다. 창조력이라는 점에서는 훌륭하지만 사회에 손실을 끼치지 않고 자신을 표현하는 방법을 찾아야 합니다.

금지된 장소에 낙서를 해서 왜 젊은 사람들의 평판을 떨어뜨리는 짓을 할까요? 정식 예술가는 거리에 그림을 걸지 않고 공식적인 장소에 전시하여 금전적인 원조를 얻고 명성을 획득하지 않습니까?

제 생각으로는 건물이나 담장, 공원 벤치는 그 자체가 이미 예술 작품입니다. 낙서로 그러한 건축물을 못 쓰게 만드는 건 정말 슬픈 일입니다. 그뿐만 아니라 낙서라는 수단은 오존층을 파괴합니다. 낙서라는 '예술 작품'은 지워지기 일쑤인데, 이 범죄적 예술가들은 왜 낙서를 해서 곤란하게 만드는지 저는 정말로 이해할 수 없습니다.

헬가

십인십색. 사람의 취향은 저마다 다릅니다. 이 세상은 커뮤니케이션과 광고로 흘러넘칩니다. 기업의 로고, 가게 간판, 거리에 나붙어 눈에 거슬리는 큰 포스터. 이런 것들이 허용될까요? 맞습니다. 대개는 허용됩니다. 그러면 낙서는 허용될까요? 허용하는 사람도 있고 허용하지 않는 사람도 있습니다.

낙서를 위한 돈은 누가 지불할까요? 누가 마지막에 광고 대금을 지불할까요? 맞습니다. 소비자입니다.

간판을 세운 사람은 당신에게 허락을 구했습니까? 구하지 않았습니다. 그렇다면 낙서를 하는 사람은 허락을 구해야 할까요? 이는 단순히 의사소통의 문제 아닐까요? 당신 자신의 이름도, 비행 청소년 그룹의 이름도, 거리에서 볼 수 있는 커다란 제작물도 일종의 의사소통 아닐까요?

몇 년 전에 가게에서 본 줄무늬 문양이나 체크무늬 양복은 어떨까요? 또한 스키복도요. 그러한 양복의 문양이나 색은 꽃문양이 그려진 콘크리트 벽을 그대로 흉내 낸 것입니다. 그러한 문양이나 색은 받아들이면서 높게 평가하는데, 그와 같은 스타일의 낙서는 불쾌하게 간주된다는 사실에 웃음이 나옵니다.

예술 수난의 시대입니다.

소피아

출전: Mari Hankala

자기가 생각하는 '좋은 글'에 대해 지식을 사용해서 설명하는 것이 중요해요.

물론 피사 문제는 더 기본적인 독해력, 예를 들어 어려움 없이 읽을 수 있는가, 내용을 제대로 요약할 수 있는가를 측정하는 부분도 있어요. 하지만 그게 전부가 아닌 독해력이 있다는 사실도 중요하죠.

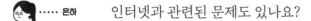 …… 은하     인터넷과 관련된 문제도 있나요?

…… 선생님     이런 문제도 있어요(그림 12-2).

…… 윤수     아, 이거 재미있을 것 같아요!

…… 은하     응, 나도 읽고 싶어!

…… 선생님     보기에 복잡할지도 모르지만 이 문제에는 여러 자료가 준비돼 있어요.

…… 세희     아, 그렇네요. '블로그'와 '서평', 그리고 '사이언스 뉴스'가 있네요.

…… 선생님     맞아요. 유형이 다른 여러 자료를 사용해서 정보를 정리하거나 이들을 비교해 생각하는 것도 '독해력'이라는 뜻이죠.

…… 은하     아아, 그렇게 생각하니 쉽지 않네요. 성적도 발표하나요?

…… 선생님     피사는 어디까지나 조사이지, 시험이 아니기 때문에

[그림 12-2] 피사(PISA) 2018 라파누이섬 문제(일본 국립교육정책연구소, 2018)

**라파누이섬 [문제 6/7]**

오른쪽 탭을 클릭하면 각 자료를 읽을 수 있습니다. 두 가지 설에 관해 각각의 원인과 그에 공통된 결과를 바른 위치에 드래그&드롭해서 아래의 표를 완성하세요.

| 원인 | 결과 | 제창자 |
|---|---|---|
| | | 재레드 다이아몬드 |
| | | 칼 리포와 테리 헌트 |

| | | |
|---|---|---|
| 모아이 상은 같은 채석장에서 조각됐다. | 폴리네시아쥐가 나무 씨앗을 먹자 그 결과 새로운 나무가 자라나지 못했다. | 이주자는 카누를 사용해 쥐를 라파누이섬으로 데려왔다. |
| 라파누이섬에 있던 거목이 소멸했다. | 라파누이섬의 주민은 모아이상을 운반하기 위해 천연자원이 필요했다. | 인간은 경작과 그 외의 이유로 나무를 베고 토지를 개간했다. |

# 사이언스 뉴스

**라파누이섬의 숲을 파괴한 것은 폴리네시아쥐인가?**
과학 리포터 • 기무라 아야토

2005년, 재레드 다이아몬드의 『문명의 붕괴』가 출판됐습니다. 이 책에서 그는 라파누이섬(이스터섬)에 사람이 정착한 모습을 묘사하고 있습니다.

이 책은 출판과 동시에 큰 논란을 불러일으켰습니다. 많은 과학자가 라파누이섬에서 일어난 일에 대한 다이아몬드의 설에 의문을 품었습니다. 과학자들은 18세기에 유럽인이 그 섬에 처음으로 상륙했을 때 거목이 소멸했다는 점에 대해서는 동의했지만, 소멸 원인에 대한 재레드 다이아몬드의 설에는 동의하지 않았습니다.

그리고 두 과학자 칼 리포와 테리 헌트의 새로운 설이 발표됐습니다. 그들은 폴리네시아쥐가 나무 씨앗을 먹었기 때문에 새로운 나무가 자라지 못했다고 생각합니다. 그 쥐는 라파누이섬에 최초의 이주자인 인간이 상륙하기 위해 사용한 카누에 우연히 올라탔거나 아니면 이 섬에 의도적으로 데려왔다고 그들은 서술합니다.

쥐의 수는 47일 동안 두 배로 늘어난다는 연구 결과가 있습니다. 그만한 수의 쥐가 자라려면 많은 먹이가 필요합니다. 리포와 헌트는 이 설의 근거로서 야자 열매의 잔해에 쥐가 갉아먹은 흔적이 남아 있는 점을 지적합니다. 물론 그들도 라파누이섬 숲 파괴에 인간이 가담한 사실은 인정합니다. 그러나 일련의 경위에서 주요한 원흉은 폴리네시아쥐라는 것이 그들의 주장입니다.

개별적으로 성적을 알려주거나 발표하지는 않아요. 여러 나라의 15세 청소년을 대상으로 실시해서 국가별 순위로 성적이 발표돼 화제가 되죠.

🙂 ····· 윤수 　　한국은 몇 위 정도인가요?

🙂 ····· 선생님 　　2018년 조사에서 읽기 성적은 79개국 가운데 6위 ~11위였어요. 2015년에 있었던 조사에서 4~9위였던 데 비해 순위가 떨어졌어요. 2006년 이후부터 순위와 평균 점수가 떨어지고 있죠.

🙂 ····· 윤수 　　네? 떨어졌다고요? 그럼 큰일 아니에요?

🙂 ····· 선생님 　　문해력 저하 문제는 지속적인 과제가 되고 있어요.

🙂 ····· 은하 　　과제요?

🙂 ····· 선생님 　　네. 아까 말했듯이 피사는 몇 가지 다른 유형의 독해력을 측정해요.

　　그중에서도 내용을 분명히 이해하는 유형의 문제는 한국 학생들의 성적이 좋아요. 반면 아까 본 '낙서 문제'처럼 쓰인 내용을 바탕으로 생각하거나 평가하는 문제는 정답률이 낮아요.

🙂 ····· 은하 　　아, 이유를 알겠어요. 어떻게 생각하느냐고 물었을 때 자신의 직감이나 주관뿐만 아니라, 글 속에서 이유를 찾아내는 건 은근 어렵다는 생각이 들었으니까요.

🙂 ····· 윤수 　　아, 직감만으로 그쳐서는 안 된다는 이야기가 있었죠.

**선생님** 그래요, 있었죠. 앞서 본 '낙서 문제'에서 은하가 '소피아의 의견에 찬성이야!'라고 말했던 건…….

**은하** 직감뿐이었군요. 이유는 모르겠지만 좋다고 하는 것처럼요.

**선생님** 거기에서 출발하는 건 잘못이 아니에요. 하지만 독해에서는 그저 '그런 느낌이 좋은지' 아니면 '내용에 설득력이 있다'고 생각했는지를 분명히 구분하는 게 중요해요. 피사에서도 단순히 '느낌이 좋다' 하는 직감이 아니라 '이렇게 생각했기 때문에 이쪽이 좋다'라고 설명할 수 있는가를 물어요.

## 독해력을 높이자

**윤수** 친구와 읽는 게 좋다는 부분에서도 '설명하기'가 나왔었죠. 맞아요, '상호 설명'이었어요. 설명은 독해의 방법인가요? 독해력 그 자체인가요?

**선생님** 설명하려면 '머릿속에 이치와 순서에 맞게 표상이 만들어져 있어야' 해요. 정보가 끊기거나 다른 것과 잘 연결돼 있지 않으면 설명할 수 없으니까요.

**은하** 맞아요. 설명할 때는 '저것은 이런 이유로 이렇게 돼 있으니까 그건 그렇게 된다'는 식으로 연결을 제시해야 해요.

🧑 ····· 선생님 　그래요. '저것'과 '그것' 사이가 어떤 식으로 연결돼 있는지를 모르면 설명할 수 없죠. 그런 관점에서 보면 설명은 '이해하고 있는가를 나타내는 지표'예요. 하지만 '이치와 순서에 맞게 표상이 만들어져 있는가'를 스스로 알기는 힘들죠.

🧑 ····· 세희 　아, 메타 인지네요. 금방 다 안 것처럼 느끼거든요. 이치와 순서에 맞다고 생각해 버릴 때가 있으니까요….

🧑 ····· 은하 　아, 그렇구나. 그래서 '설명'해 보면 이치와 순서에 맞지 않는 부분을 알아채겠군요!

🧑 ····· 선생님 　잘했어요! 그 말대로예요. '설명'을 통해 자신이 만든 표상이 연결되지 않았다는 걸 알 수 있으니까 그때의 '설명'은 '이해를 돕기 위한 전략'이 되죠.

🧑 ····· 윤수 　그렇군요. 설명은 '이해도'를 나타내기도 하고 '독해 전략'이기도 하네요. 다양한 전략이 있지만, 요점을 정리하면서 읽고, 이해했다 싶을 때 설명해 보면 시험에서 '설명하시오'라고 했을 때도 답할 수 있겠어요! ····· 아아, 이제 잘할 수 있어요.

🧑 ····· 은하 　웅, 나도 잘할 수 있겠어!

🧑 ····· 세희 　저기, 너희들, 메타 인지가 작동하지 않는 거 아냐?

🧑 ····· 선생님 　어머! 사람은 '나는 할 수 없어'라고 생각하면 의욕이 생기지 않아요. '열심히 하면 할 수 있어!'라는 마음이 의욕을 북

돋는 데 중요해요.

**세희**    정말 그렇겠네요. 저 두 사람의 마음은 간직한 채, 모두 함께 즐기면서 여러 가지를 읽을 거예요!

**선생님**    그래요. 뭐니 뭐니 해도 '즐기면서' 하는 게 가장 중요해요! 읽기가 고생스럽지 않게끔 여러 재미난 방법을 쓰면 좋겠네요. 그러려면 어른들의 노력도 필요하겠죠. '독해력을 익혀라' '그냥 읽어' '요약해 봐' 하고 자꾸 과제를 안기는 식이면 과제는 할 수 있을지 몰라도 그 뒤 '새로운 지식을 책에서 몸에 익히고 싶다'는 마음은 생기지 않아요. 읽어서 새로운 지식을 얻었다, 친구와 책을 읽는 게 즐겁다는 마음을 소중히 하는 게 중요하답니다.

# 마치면서

이 책은 왜 다들 '독해력을 익혀라' '독해력이 중요하다'라고 말할까, 독해력은 과연 무엇일까, 하고 생각하는 사람들을 위해 썼습니다.

아, 그렇지만 '읽고 이해한다는 게 어떤 일일까?' '인간 뇌의 움직임은 참 신기하구나' 하고 생각하는 사람도 즐겁게 읽었을지도 모르겠어요.

'읽기'란 '이해'라든가 '지시' 같은 큰 문제와 연관이 돼 있습니다. 제가 읽기에 특히 관심을 가진 이유는 읽기가 '이해하기'와 연관돼 있어서입니다. '이해'란 내가 몰랐던 세계를 열어 나가는 거라고 생각하기 때문입니다. 물론 읽지 않아도 생활할 수 있을지 모르지만 읽기를 통해 내가 몰랐던 '특기'나 '취향' '하고 싶은 것'을 발견한다면 더 즐겁게 살 수 있겠지요. 읽기 이외에도 텔레비전이나 유튜브 등 세계를 넓혀 주는 여러 매체가 있지만, '읽기'라는 세계의 광대함에 비하면 아직 멀지 않나 싶습니다.

그렇게 느끼는 사람이 저만이 아니기에 분명 다들 '독해력이 중요'하다고 말하겠죠.

독해력을 향상하려면 어떻게 해야 하는가를 주제로 쓴 책은 사실 매우 많습니다. 그중에서도 이 책에서 언급한 도야마 시게히코의 『'읽기'의 정리학(読みの整理学)』, 심리학자가 쓴 책으로는 니시바야시 가쓰히코의 『알고 있다는 착각(わかったつもり)』, 아키타 기요미의 『읽는 마음, 쓰는 마음(読む心·書く心)』은 단순히 노하우나 요령을 가르치는 책이 아니라 '이해'가 무엇인지 지식의 본질에 다가가 이를 실천하는 것의 의미와 어려움을 가르쳐 주는 추천서입니다.

이렇게 좋은 책이 많은데 왜 내가 또다시 독해력에 관한 책을 써야 할까, 그럴 필요가 있을까, 어쩌지, 다른 사람들이 뭐라고 할지도 몰라……. 이런 걱정을 하면서 다가가기 쉽고, 좀 편하게 읽으면서 '읽기가 이렇게 재미있구나' '나도 해 볼까' 하는 마음이 들 수 있는, 읽기의 입구 같은 도서가 되면 좋겠다고 생각하면서 이 책을 썼습니다. 정말로 이 책이 읽기의 입구가 됐을까요?

마지막으로 미숙한 제 도전을 지지해 준 여러분께 감사의 말씀을 올리고 싶습니다.

책을 쓸 계기를 부여해 주시고 늘 질타와 격려를 아끼지 않으신 가사마쇼인(笠間書院) 편집부의 야마구치 씨. 어떤 책을 만들고 싶은지 오리무중이었던 제게 아이디어를 주신 편집장 무라오 씨. 세련되고 이해하기 쉬운 일러스트를 그려 주신 일러스트레이터 마쓰모토 세이지 씨. 여러분과 함께 작업할 수 있어서 영광이었습니다. 또 아라이 노리코 선생님께서는 AI의 읽기 방법에 대해 귀중한 견해를 주셨습니다.

이 책에 소개한 에피소드나 예문의 아이디어는 연구실 학생들에게서도 얻었습니다. 여러분 모두 고마워요.

그리고 지쳐 있던 저를 응원하고 때로는 원고의 부족한 점을 지적해 준 남편과 아이들. 이 책의 등장인물은 세 사람을 모델로 삼아 생각해 냈습니다. 제 마음대로 써서 미안해요.

모두 여러분 덕에 책을 완성했습니다. 정말 고맙습니다.

2020년 4월

이누즈카 미와

## 인용 · 참고 문헌

### 제1장

新井紀子『AI vs. 敎科書が讀めない子どもたち』東洋經濟新報社, 2018年.

文部科學省『小學校學習指導要領解說 平成29年告示』2017年. (Accessed 2020.1.10) https://www.mext.go.jp/content/1413522_001.pdf

佐藤浩一『學習支援のツボ : 認知心理學者が敎室で考えたこと』北大路書房, 2014年, 87-104頁.

Thorndyke, P. W.. "Cognitive structures in comprehension and memory of narrative discourse." *Cognitive Psychology* 9, no. 1(1977): 77-110.

### 제2장

Bransford, J. D. and Johnson, M. K.. "Contextual Prerequisites for Understanding: Some Investigations of Comprehension and Recall." *Journal of Verbal Learning and Verbal Behavior* 11, no.6(1972): 717-726.

Britton, B. K. and Gülgöz, S.. "Using Kintsch's computational model to improve instructional text: Effects of repairing inference calls on recall and cognitive structures." *Journal of Educational Psychology* 83, no.3 (1991): 329-345.

Kintsch, W.. *Comprehension: A paradigm for Cognition*. New York: Cambridge University Press, 1998.

品川裕香『怠けてなんかない! : ディスレクシア～讀む·書く·記憶するのが困難なLDの子どもたち』岩崎書店, 2003.

## 제3장

Atkinson, R. C. and Shiffrin, R. M.. "Human memory: A proposed system and its control processes." In *The psychology of learning and motivation* 2, edited by Spence, K. W. and Spence, J. T., 89 - 195. New York : Academic Press, 1968.

バトラー後藤裕子『學習言語とは何か―教科學習に必要な言語能力』三省堂, 2011年.

河內昭浩「敎科學習語彙の選定と活用」『全國大學國語敎育學會發表要旨集』127, 333-336.

Miller, G. A.. "The magical number seven, plus or minus two: Some limits on our capacity for processing information." *The Psychological Review* 63, no.2(1956): 81 - 97.


## 제4장

Bartlett , F. C.. *Remembering: a study in experimental and social psychology*. Cambridge University Press, 1932. (宇津木保·辻正三譯『想起の心理學 : 實驗的社會的心理學における一研究』誠信書房, 1983年.)

Jenkins J. G. and Dallenbach K. M.. "Obliviscence during sleeping and waking." *American Journal of Psychology* 35, no.4(1924): 605-612.

Kintsch, W.. *Comprehension: A paradigm for cognition*. New York: Cambridge University Press, 1998.


## 제5장

犬塚美輪·椿本彌生『論理的讀み書きの理論と實踐』北大路書房, 2014年.

National Reading Panel. *Report of the National Reading Panel: teaching children to read: an evidence-based assessment of the scientific research literature on reading and its implications for reading instruction: reports of the subgroups*. Washington, D.C.: National Institute of Child Health and Human Development, National Institutes of Health, 2000. (Accessed 2020.1.10) https://www.nichd.nih.gov/sites/default/files/publications/pubs/nrp/Documents/report.pdf

OECD, *Education at a Glance 2011: OECD Indicators*. Chapter A- The Output of Educational Institutions and the Impact of Learning: Indicator A6 -Are students who enjoy reading better readers?(2011) OECD Publishing. Paris.

Palincsar, S. A. and Brown, A. L.. "Reciprocal teaching of comprehension-fostering and comprehension monitoring activities." *Cognition and Instruction* 1, no.2(1984): 117-175.


## 제7장

Hartley, J.. *Designing Instructional Text.* London: Routlegde, 1994.

Larkin, J. H. and Simon, H. A.. "Why a Diagram is (Sometimes) Worth Ten Thousand Words." *Cognitive Science* 11 no.1(1987): 65-99.

Mayer, R. E. *Multimedia Learning*(Second Edition); New York: Combridge University Press, 2009.


## 제8장

清河幸子・犬塚美輪「相互説明による讀解の個別指導：對象レベル - メタレベルの分業による協同の指導場面への適用」『敎育心理學研究』51, 2003年, 218-229.

Markman, E. M.. "Realizing That You Don't Understand: Elementary School Children's Awareness of Inconsistencies." *Child Development* 50 no.3(1979): 643-655.

Nelson, T. O. and Narens, L.. "Why investigate metacognition?" In *Metacognition : Knowing about Knowing*, edited by Metcalfe, J. and Shimamura, A. P., 1-25. Cambridge: MIT Press, 1994.


## 제9장

Ennis, R. H.. "A logical basis for measuring critical thinking skills." *Educational Leadership* 43, no.2(1985): 44-48.

井上尙美『思考力育成への方略—メタ認知・自己學習・言語論理』明治圖書出版, 1998年.

楠見孝「批判的思考と高次リテラシー」(市川伸一 [ほか] 編『現代の認知心理學3 思考と言語』北大路書房, 2010年, 134-160).


## 제10장

Lord, C.G., Ross, L., and Lepper, M. R.. "Biased assimilation and attitude polarization: The effects of prior theories on subsequently considered evidence." *Journal of Personality and Social Psychology* 37, no.11(1979): 2098-2109.

滑田明暢「文化心理學×自己」(木戸彩惠・サトウタツヤ編『文化心理學＝Cultural psychology : 理論・各論・方法論』ちとせプレス, 2019年, 127-138).

大村彰道・樋口一辰・久慈洋子「先行オーガナイザーの適切・不適切が文章再生に及ぼす影響」『日本教育心理學會總會發表論文集』22(1980), 50-51.

## 제11장

Chi, M. T. H., De Leeuw, N., Chiu, M. H., and LaVancher, C.. "Eliciting self-explanations improves understanding." *Cognitive Science* 18, no.3(1994): 439-477.

戸田山和久『論文の教室 : レポートから卒論まで』日本放送出版協會, 2002年.

外山滋比古『讀書の方法 : 未知を讀む』講談社, 1981年.

齋藤孝『三色ボールペンで讀む日本語』角川書店, 2002年.

## 제12장

經濟協力開發機構(OECD)編著, 國立教育政策研究所監譯『PISA(ピザ)の問題できるかな？ OECD生徒の學習到達度調査』明石書店, 2010年.

國立教育政策研究所「OECD生徒の學習到達度調査(PISA)~2018年調査問題例~ : コンピュータ使用型讀解力問題」2018年. (Accessed 2020.1.10) https://www.nier.go.jp/kokusai/pisa/pdf/2018/04_example.pdf

國立教育政策研究所「OECD 生徒の學習到達度調査~PISA調査問題例~」2009年. (Accessed 2020.1.10) https://www.mext.go.jp/ component/a_menu/education/detail/_icsFiles/afieldfile/2010/12/07/1284443_02.pdf

OECD. "PISA 2018 Assessment and Analytical Framework." (Accessed 2019.11.15) http://www.oecd.org/education/pisa-2018-assessment-and-analytical-framework-b25efab8-en.htm

**독해력 수업**
**인공지능 시대에 더 중요해진 공부 기본기**

초판 1쇄 발행 2023년 12월 15일
초판 2쇄 발행 2024년 10월 18일

지은이 | 이누즈카 미와
옮긴이 | 지비원
교정 | 김진아
표지·본문 디자인 | 여상우

펴낸이 | 박숙희
펴낸곳 | 메멘토
신고 | 2012년 2월 8일 제25100-2012-32호
주소 | 서울시 은평구 연서로26길 9-3(대조동) 301호
전화 | 070-8256-1543 팩스 | 0505-330-1543
전자우편 | memento@mementopub.kr

ISBN 979-11-92099-28-6 (43370)